LECTURES

SUR L'HISTOIRE

ET LES

PRINCIPES DU COMMERCE

CHEZ LES ANCIENS

PAR

J. W. GILBART, F. R. S.

Administrateur général de la Banque de Londres et Westminster

Traduit de l'anglais par Mlle F. G.

———

PARIS

GUILLAUMIN ET Cie, ÉDITEURS

du Journal des Économistes, du Dictionnaire de l'Économie politique, etc.

14, Rue Richelieu

—

1856

LECTURES

SUR L'HISTOIRE

ET LES

PRINCIPES DU COMMERCE

CHEZ LES ANCIENS.

SAINT-DENIS. — TYPOGRAPHIE DE DROUARD.

LECTURES

SUR L'HISTOIRE

ET LES

PRINCIPES DU COMMERCE

CHEZ LES ANCIENS

PAR

J.-W. GILBART, F. R. S.

Administrateur général de la Banque de Londres et Westminster.

Traduit de l'anglais par Mlle F. G.

—◦◯◦—

PARIS

GUILLAUMIN ET Cie, ÉDITEURS

du Journal des Économistes, du Dictionnaire de l'Économie politique, etc.

14, Rue Richelieu

1856

PRÉFACE.

—

Cette série de leçons fut faite à Waterford au commencement de l'année 1833. A cette époque, j'étais administrateur, dans cette ville, de la succursale de la banque provinciale d'Irlande. J'avais assisté, à Londres, à la formation de l'*Institution littéraire et scientifique* de cette métropole, et j'avais même été membre du premier comité d'administration en 1825. Je donnai l'idée de fonder quelque chose de semblable à Waterford ; et comme on ne pouvait trouver de *lecturers* [1] de profession, quelques-unes des per-

---

[1] Le mot *lecturer* n'a pas d'équivalent en français. Le *lecturer* est une sorte de professeur indépendant, et parfois ambulant, qui fait des lectures ou leçons publiques payées par son auditoire.

sonnes qui avaient concouru à la création de l'établissement, et d'autres qui s'occupaient de science,
voulurent bien se vouer à cette tâche.

L'exemple fut donné par le président, Thomas
Wyse Esq. M. P., qui déploya, pour la cause de
l'éducation, dans cette localité, le même zèle qu'il
avait déjà montré dans ses travaux politiques. Les
leçons suivantes, sur l'histoire et les principes du commerce chez les anciens, forment une partie du con-
tingent que j'apportai à cette œuvre. Pour la clôture
de la session scolaire, M. Wyse adressa une allocu-
tion aux membres du comité, dans laquelle il fit l'allusion suivante à mes leçons. Je dirai, du reste, pour
ne pas trop charger la responsabilité de M. Wyse,
qu'il ne les a jamais lues; ce n'est qu'à l'audition
qu'il les a jugées.

« Mais ce n'était là qu'une faible partie des im-
» portants services de M. Gilbart. Vous m'avez déjà
» entendu parler, avec tous les éloges mérités, de la
» part active qu'il prit à la création de notre institu-
» tion, activité qu'excédaient, s'il est possible, l'in-
» telligence, l'assiduité, la persévérance qu'il dé-
» ploya en l'administrant; mais, quelque considé-
» rable qu'ait été cette partie de sa coopération, elle

» ne surpasse point l'importance de son concours
» littéraire. Il n'y a personne ici qui n'ait suivi ses
» excellentes leçons sur le commerce de l'antiquité,
» personne, j'en suis convaincu, qui ne sente s'é-
» veiller, à cette simple mention, des souvenirs éle-
» vés et agréables. L'ordre judicieux, l'heureux
» esprit d'analyse, le choix et la classification des
» faits, la déduction raisonnée des principes condui-
» sant aux vues les plus nobles et les plus hautes,
» quoiqu'en même temps les plus pratiques et les
» plus utiles à l'humanité, le style admiré de
» l'homme instruit et pourtant à la portée de l'igno-
» rant, tout cela était non-seulement l'entière exécu-
» tion de nos promesses, mais, à mon sens, le meil-
» leur exemple pratique et la plus sérieuse démons-
» tration que nous pussions présenter de l'utilité et
» du charme d'institutions comme la nôtre. »

Ce genre de leçons est un des moyens les plus efficaces d'instruction publique. Un *lecturer* peut fournir
aisément sur un sujet donné plus de notions qu'on
n'en trouverait dans un seul ouvrage, parce que ses
leçons résument un grand nombre d'ouvrages et sont
puisées encore à d'autres sources; il peut répandre les
trésors de l'instruction sur un grand nombre d'indi-

vidus réunis, et, à la faveur de cette réunion même, leur faire de son enseignement un plaisir. « Il y a quelque chose, » dit le docteur Watts, « de plus agréable, de plus intéressant, dans le discours d'un sage et savant professeur que dans la lecture silencieuse et sédentaire. Le ton de voix et la bonne prononciation, les manières polies et attrayantes que quelques *lecturers* ont acquis, attirent l'attention, tiennent l'intelligence en éveil, insinuent et fixent dans l'esprit les doctrines d'une manière plus frappante et plus durable que ne peut le faire une lecture isolée, dans le silence du cabinet. » On peut dire aussi de ces sortes de leçons, qu'elles sont l'instrument le mieux adapté à l'état social pour répandre les connaissances. Elles réunissent, dans la même enceinte, le vieillard et le jeune homme et souvent aussi les dames pour leur faire partager le même avantage. Elles fournissent des sujets de conversation pour les jours suivants, et tendent à encourager les relations de société et d'amitié.

Tous ceux auxquels a été confiée la direction des institutions littéraires et scientifiques ont compris l'importance des leçons orales. L'expérience prouve, je le crois, que toutes les fois que les cours ont été convenablement suivis, l'institution a fleuri ; et que toutes les fois qu'ils ont été négligés, ses succès ont décliné. Les leçons servent encore indirectement à entretenir la bibliothèque, en faisant naître, dans l'esprit des auditeurs, le désir de lire, le besoin de rechercher de nouveaux moyens d'instruction.

Toutes ces raisons nous montrent combien il serait désirable que des sociétés d'instruction orale fussent établies dans les plus petites villes, dans celles surtout auxquelles leurs ressources ne permettent pas de posséder une bibliothèque étendue, ou qui ferment encore les yeux sur la nécessité de s'en pourvoir. Il est facile de se procurer une salle gratis ; quelques-uns des habitants les plus instruits deviendraient naturellement les *lecturers*, et, de temps à autre, le secrétaire pourrait même faire la lecture de quelque écrit imprimé. Les fonds d'une semblable société seraient appliqués presque exclusivement à l'achat des instruments propres à élucider les leçons. La société ne se mêlerait à aucune société savante, à aucun salon de lecture, déjà en activité, et elle deviendrait une source d'instruction et de plaisir, surtout pendant l'hiver, pour toutes les classes de la population. Il y a quelques années, on disait : « Le maître d'é-

cole est sorti ; » ne pourra-t-on pas dire bientôt :
« Le *lecturer* est sorti ? »

Il n'est pourtant pas probable qu'une société, si
elle n'a que des *lecturers* officieux, puisse durer
plus de deux ou trois ans. C'est ce qui me fait penser
que si c'était un principe reconnu, que l'Etat dût
participer, dans une certaine mesure, aux frais de
l'éducation publique, son patronage devrait non-
seulement s'étendre sur les maîtres d'école, mais
encore sur les *lecturers*. Et on pourrait alléguer ces
motifs : 1° que les connaissances élémentaires ensei-
gnées dans les écoles sont dues, le plus souvent, à la
bienfaisance privée ; 2° que les leçons orales sont le
moyen le plus efficace de répandre l'instruction ;
qu'elles stimulent et favorisent la recherche des autres moyens d'acquérir des connaissances, et qu'elles
conviennent aussi bien aux classes moyennes qu'aux
plus humbles. Si le gouvernement se chargeait de
rétribuer les lecturers, on trouverait bien vite un
emplacement et un auditoire ; et de cette façon, on
donnerait un aliment à toutes les intelligences et on
mettrait constamment les moyens de s'instruire à la
portée de nos populations vouées aux travaux des
champs, des manufactures et des mines.

L'institution d'un collége de *lecturers* n'empêche-rait en aucune manière les autres moyens que le gouvernement trouverait convenable d'employer pour éclairer le peuple, et celui-ci aurait l'avantage spécial d'être à l'abri des mille objections qui assiégent les éta-blissements de ce genre. Il n'est pas de corps religieux qui pût prendre ombrage d'un *lecturer* nommé par le gouvernement, faisant son cours une ou deux fois par semaine sur quelques branches de la littérature ou des sciences, tout à fait en dehors de la politique et de la religion. Le patronage officiel amènerait aussi de grands progrès dans le corps des lecturers. De même que les théologiens les plus savants ne sont pas tou-jours les prédicateurs les plus populaires, le philosophe le plus profond n'est pas toujours le meilleur profes-seur. Le talent de comprendre et de saisir la science est tout différent de celui de la transmettre. L'art de bien parler est un art difficile. Si l'on donnait un caractère officiel aux *lecturers*, ils étudieraient avec plus de zèle encore les meilleures méthodes d'ensei-gnement, s'efforceraient d'acquérir les qualités de l'orateur, et se perfectionneraient par une pratique constante. Nous avons des écoles modèles pour les maîtres et les maîtresses de pension, pourquoi n'en aurions-nous pas pour les *lecturers?* C'est une question digne d'examen pour tous les hommes qui dirigent des institutions littéraires et scientifiques, que celle de savoir s'ils n'ont pas à concerter des démarches pour appeler sur ce sujet l'attention du gouvernement.

HISTOIRE

ET

PRINCIPES DU COMMERCE

DES ANCIENS.

PREMIÈRE LEÇON.

COMMERCE DE L'ÉGYPTE ANCIENNE.

Origine du commerce. — Histoire de l'Egypte. — Productions. Céréales. Toile. Chevaux. Papier. — Consommation. Nourriture. Habillement. Habitations. Embaumements. — Situation. Commerce avec les Phéniciens, la Judée, l'Arabie, l'Inde. — Moyens de communications. Routes. Canaux. Vaisseaux. — Lois commerciales. Propriété du sol. Castes. Femmes marchandes. Emprisonnement pour dettes. Jugement après la mort. — Caractère commercial des Egyptiens.

Vous savez que nous devons nous occuper, dans cette série de leçons, de l'histoire du commerce des anciens. Je ne saurais trouver un sujet plus important ni plus intéressant. Nous devons au commerce beaucoup du bien-être dont nous jouissons. Une grande partie de nos aliments, les matières premières de nos vêtements, le bois qui sert à construire nos habitations, les diverses aisances de la vie et les médicaments qui nous sauvent de la mort sont, pour la plupart, les productions des pays étrangers.

La Providence a assigné aux différentes contrées du

1

globe de différents climats, une variété de terrains, et à ces terrains la faculté de produire diverses espèces de substances animales ou végétales, et de contenir dans leur sein des métaux et minéraux de toutes sortes. Si le monde eût été différemment constitué, que chaque contrée eût possédé la même durée de jour et de nuit, le même degré de chaleur et de froid, les mêmes qualités de terrains et éprouvé les mêmes phénomènes à la surface, et qu'elle eût donné les mêmes productions, il n'y aurait eu aucun commerce entre les différentes parties du globe. Chaque contrée aurait possédé en elle-même toutes les espèces de produits qui existent dans le monde. Elle n'aurait pu recevoir aucune chose dont elle n'aurait déjà eu la jouissance, ni su rendre en échange que ce qu'une autre contrée aurait déjà possédé. Tandis que les divers climats, leurs particularités et la variété de leurs produits, qui en est la conséquence, ont été pour l'homme le plus puissant mobile au développement des rapports internationaux.

Au moyen de ces rapports, chaque contrée peut obtenir les produits de toutes celles du monde. Un pays peut avoir une quantité surabondante de matériaux de construction, un autre, une quantité surabondante des matières qui servent à la fabrication des vêtements, et si aucune communication n'existe entre ces deux pays, les habitants de l'un seront bien vêtus, mais mal logés, et les habitants de l'autre seront bien logés, mais mal vêtus. Mais que ces deux pays échangent le superflu de leurs produits, et leurs habitants respectifs seront bien logés et bien vêtus.

Au moyen du commerce, le superflu des produits d'un pays acquiert de la valeur en devenant susceptible de s'échanger contre les produits des autres pays. Presque chaque nation a naturellement, ou par son industrie, quelque production en plus grande quantité qu'il n'est nécessaire à sa propre consommation. Cette quantité surabondante n'a aucune valeur à l'intérieur. Quel avantage trouverait la Norwége à garder tout le bois de ses forêts, la Suède à conserver tous les métaux de ses mines, l'Amérique son coton ou l'Inde sa soie? Ces produits, dont la surabondance serait inutile à l'intérieur, sont cédés à d'autres pays pour lesquels ils ont une grande valeur, et le bonheur et le bien-être des peuples s'accroissent rapidement lorsque les nations agissent d'après ce principe.

C'est encore parce qu'il favorise la civilisation que le commerce a droit à notre considération. Il répand promptement les découvertes précieuses faites dans les sciences et les arts. Grâce à lui, toute nouvelle machine inventée, tout médicament trouvé, a bientôt fait le tour du monde. C'est par lui que les nations barbares se sont civilisées. Les nations les plus commerçantes ont toujours été les plus civilisées. En vue de débouchés, elles ont cherché de nouvelles nations avec lesquelles elles pussent trafiquer, elles en ont découvert dans un état de barbarie relative, et, par les relations commerciales, la civilisation s'en est accrue. Le commerce a posé les fondements des plus puissants empires. Ils ont fleuri avec son concours, et leur éclat a disparu quand celui du commerce s'est éteint.

Cette puissante influence qu'a le commerce de favoriser la richesse des nations et des individus, a de tout temps, porté des hommes de talent et de sens à essayer de démontrer les lois naturelles sur lesquelles il est fondé, de retracer les causes de sa prospérité et de son déclin. De notre temps, le nombre d'ouvrages publiés sur ce sujet a beaucoup augmenté. Le commerce n'est pas seulement suivi comme une profession, il est étudié comme une science ; et même, dans nos universités, des professeurs ont été nommés pour en enseigner les principes.

Le sujet de notre leçon est l'histoire du commerce, tel qu'il existait chez les Égyptiens.

Après le déluge qui eut lieu en l'an 1656 de la création

du monde, les diverses branches de la famille de Noé se séparèrent et prirent possession des différentes parties de la terre, comme de leur héritage. La famille de Sem se dirigea du côté oriental de l'Asie, et on pense que Noé alla encore plus loin vers l'Est, et fonda le royaume de la Chine. La famille de Cham s'établit en Asie Mineure et s'étendit jusqu'en Afrique, tandis que la famille de Japhet prit possession de l'Europe.

L'Égypte fut fondée par Mizraïm, descendant de Cham, quelque temps après que Nemrod eut fondé le royaume de Babylone, environ 2200 ans avant l'ère chrétienne. En 538 (avant J.-C.), la monarchie babylonienne fut renversée par Cyrus le Grand, et, treize ans après, son fils conquit l'Égypte. L'Égypte était donc restée un État indépendant pendant près de dix-sept siècles. Malgré plusieurs révoltes les Égyptiens continuèrent à être sujets des Perses jusqu'à ce que la monarchie persane fût renversée par Alexandre le Grand. A la mort d'Alexandre, 324 ans avant J.-C. son royaume fut divisé et l'Égypte échut à Ptolémée Lagus. Elle redevint alors un État indépendant, mais son roi, ses grands et ses soldats étaient Grecs; et de ce moment cette monarchie se distingue de la précédente par son nom de gréco-égyptienne.

Après avoir duré près de 300 ans, elle fut renversée, et devint province romaine. Il est inutile que nous regardions plus avant dans l'histoire de ce pays. Remarquons seulement qu'il est pendant dix-sept siècles monarchie indépendante, pendant 200 ans sous le joug des Perses, qu'il redevient indépendant pendant 300 ans, sous des monarques grecs, et qu'alors, arrivé au commencement de l'ère chrétienne, il est conquis par les Romains.

Je vous parlerai dans ma leçon d'aujourd'hui de cette période de 1700 ans pendant laquelle l'Égypte fut une monarchie indépendante. Bien rares sont les matériaux que nous possédons sur l'histoire du commerce de cette époque. Nous n'avons aucun livre ni manuscrit laissé par un auteur du pays. A part quelques indices que nous trouvons dans l'histoire sacrée, tout ce que nous savons sur l'Égypte de cette époque nous vient des Grecs, qui avaient visité ce pays dans le désir d'acquérir des connaissances. Et ces écrivains, de même que tous les autres historiens, parlent très-peu de ce qui a rapport au commerce. Si les historiens avaient signalé l'origine des différentes branches du commerce aussi fidèlement qu'ils nous ont retracé l'origine des différentes guerres, qu'ils eussent décrit les opérations du commerce avec autant de soin qu'ils ont décrit les batailles et les siéges, et qu'ils eussent été aussi désireux de transmettre à la postérité les noms de ceux qui ont enrichi leur pays, par l'entremise de son commerce, que les noms de ceux qui se sont distingués par la mort de millions de leurs semblables, l'étude de l'histoire aurait été beaucoup plus instructive, et certainement non moins intéressante qu'elle ne l'est aujourd'hui.

Nous avons déjà dit que le commerce est non-seulement suivi comme une profession, mais encore étudié comme une science. En racontant l'histoire du commerce égyptien, je tâcherai de combiner les faits de l'histoire avec les principes de la science, de manière à faire des uns l'explication des autres. J'établirai d'abord,

1° Que le commerce d'un pays dépend de ses productions. Si un pays produit toutes les choses dont ont besoin ses habitants, il n'aura rien à importer; et s'il ne produit rien qui puisse être désiré par d'autres pays, il ne peut rien exporter, sa production réglera ses exportations.

Prenons un aperçu des productions de l'Égypte ancienne. Elle n'avait pas de mines, mais des carrières de très-beau marbre, quoique nous ne voyions pas qu'elle l'exportât. Sans doute les nations voisines en avaient suffisamment chez elles. Elle avait du poisson en abondance ; mais le poisson frais ne peut être exporté à une grande distance, et on ne sait pas si la manière de le saler dont on a fait usage dans les temps modernes était connue.

Parmi les substances végétales, le blé était abondant. Pendant plusieurs siècles l'Égypte fut le grenier des nations environnantes. Quoique le sol fût naturellement stérile, il pouvait produire, grâce au débordement annuel du Nil, deux et quelquefois trois récoltes par an. L'Égypte produisait encore beaucoup d'excellents légumes — surtout des oignons très-estimés. — Elle n'avait pas de forêt, et par conséquent pas de bois de construction, peu d'arbres à fruit, pas de vigne et par suite pas de vin. Le débordement du fleuve, si utile à la culture des céréales, aurait détruit les fruits et les pâturages.

Le débordement annuel du Nil est amené par les pluies périodiques de l'Ethiopie. Le fleuve commence à monter vers la fin de juin, il atteint sa plus grande hauteur vers la mi-août, et alors l'Égypte présente l'aspect d'une vaste mer, et les villes paraissent des îles. Après quoi les eaux diminuent graduellement ; et, vers la fin de novembre, le fleuve a repris son lit ordinaire. Pendant ce temps, la vase délayée par les eaux s'est déposée sur le sol, et quand elles se retirent, il est couvert d'un riche engrais. D'après Hérodote, il demandait alors si peu de culture, que dans certains cas on n'avait qu'à jeter la semence à sa surface et à la faire fouler par les pourceaux.

Les animaux n'abondaient pas en Égypte ; dans quelques provinces, le bœuf, le mouton, la chèvre étaient considérés comme sacrés et ne servaient pas à la nourriture. Les Égyptiens avaient une telle horreur du porc, que les personnes qui s'occupaient de ces animaux ne pouvaient se marier qu'entre elles. Ce préjugé venait sans doute de ce que, dans les climats chauds, on avait remarqué que la nourriture du porc amenait des maladies cutanées, et particulièrement la lèpre. L'Égypte produisait une race remarquable de chevaux, et, comme c'est un pays-plat, les chevaux et les chariots étaient très-utiles dans les guerres civiles ou nationales. Dans les pays montagneux, ils ont une bien moindre valeur. Pour les objets manufacturés, l'Égypte fut de bonne heure remarquable par sa toile et ensuite par son papier. Elle produisait du lin en abondance, qui était fabriqué en toile d'un tissu si fin que les fils n'en pouvaient être comptés. Son papier était fabriqué avec cette substance végétale appelée papyrus. Le papier fait avec le papyrus fit place au papier fabriqué avec du coton, auquel succéda à son tour celui que l'on fit avec des chiffons de toile.

Les principales exportations de l'Égypte ont donc dû être le blé, la toile, les chevaux et le papier.

Nous trouvons dans l'Ecriture plusieurs indices sur les produits de l'Égypte ancienne. L'histoire de Joseph nous apprend que toutes les nations allaient en Égypte acheter DU BLÉ. Après leur départ de ce pays, les Israélites chantaient le Dieu qui les avait délivrés des chariots et des cavaliers de Pharaon ; et nous trouvons que Salomon fit venir des CHEVAUX d'Égypte, d'où ses marchands tiraient aussi le FIL DE LIN. Quand Joseph fut nommé premier ministre, il fut revêtu d'une robe du LIN le plus fin. Les vêtements des prêtres juifs devaient aussi être faits de toile de lin, et, comme on ne pouvait obtenir de toile dans le désert, cette toile, ou le lin avec lequel elle était fabriquée, avait nécessairement dû être apporté d'Égypte. Du temps de Salomon, les dames juives ornaient leurs lits de tapisserie ou de lin d'Égypte, et, plus tard, on dit que les Tyriens se servirent de fine toile de lin et d'ouvrages brodés comme de voiles pour leurs vaisseaux.

Alors que les Israélites se plaignaient de la manne dans le désert ils disaient : « Nous nous rappelons le POISSON que nous mangions copieusement en Egypte, et les concombres, les melons et les poireaux, les oignons et les aulx. » — Une autre fois ils disaient que lorsqu'ils étaient en Egypte : « Ils s'asseyaient près de marmites pleines de viande et mangeaient du pain à discrétion. » La fertilité du sol leur permettait de manger du pain en abondance, et, de plus, ils étaient bergers, avaient de gros et petit bétail et pouvaient manger de la viande, puisqu'ils n'étaient pas forcés de s'en abstenir par motifs religieux, comme les Égyptiens, pour qui le bœuf était un dieu.

D'un autre côté nous trouvons dans l'Écriture un aperçu de ce que l'Égypte ne produisait pas. Les frères de Joseph le vendirent à une compagnie d'Ismaélites qui venaient de Gilead avec leurs chameaux, « portant en Egypte des épices, du baume, de la myrrhe. » — Lorsque Jacob envoya ses fils acheter du blé à Joseph il leur dit : « Prenez dans vos vaisseaux les meilleurs fruits de notre terre, et portez-les en présent à cet homme. Emportez encore du baume, du miel, des épices, de la myrrhe, des noix et des amandes. » Ainsi tous ces produits, quoique abondants en Chanaan, ne se trouvaient pas en Egypte, et devenaient, par conséquent, un présent d'autant de valeur pour un premier ministre, que le seraient de nos jours, pour un lord anglais, des vins étrangers et autres produits du continent.

Alors que Moïse décrit la terre promise, il se sert, en orateur habile, du langage suivant, insistant sur la supériorité de la terre de Chanaan. — « Quant à la terre que tu vas posséder, ce n'est pas comme la terre d'Egypte d'où tu viens. Mais c'est une bonne terre de collines et de vallées arrosées par la pluie du ciel... Le Seigneur, ton Dieu, t'amène vers une bonne terre, une terre de ruisseaux, de fontaines et de torrents qui jaillissent des collines et des vallées. Une terre de froment, d'orge, de vigne, de figuiers et de grenades. Une terre d'huile d'olive et de miel. Une terre dans laquelle tu mangeras du pain sans craindre la famine et où il ne te manquera rien. Une terre dans laquelle les pierres sont du fer, et dont les collines te donneront l'airain... » C'est presque une description négative de ce qui manquait à l'Egypte. En effet, la terre de Chanaan n'était pas, comme celle d'Egypte, un pays plat, ne recevant pas de pluie, mais dont la fertilité était due au débordement du fleuve. C'était une terre de collines et de vallées arrosées par l'eau du ciel ; elle était aussi plus pittoresque et elle offrait de tous côtés un approvisionnement constant d'eau pour les hommes et le bétail, car elle avait des « ruisseaux et des fontaines jaillissant des vallées et des collines ; » elle ne produisait pas seulement comme l'Egypte du blé et de l'orge, mais encore « de la vigne, des figuiers, des grenades, de l'huile d'olive et du miel: » de plus, l'Egypte n'avait de mines de cuivre ni de fer, tandis que « Chanaan était une terre dont les pierres étaient du fer et dont les collines renfermaient l'airain. »

2° Nous remarquerons que le commerce d'un pays dépend de sa consommation. Sa consommation réglera ses importations.

Consommation veut dire usage. Par la consommation d'un pays on entend les objets qui sont consommés dans ce pays. Ainsi les aliments, les vêtements, les habitations — toutes choses qui s'usent — sont dites être consommées. Si ces objets sont les produits d'autres pays, leur consommation favorise le commerce extérieur.

Les Égyptiens se nourrissaient particulièrement de légumes. Ils croyaient à la doctrine de la transmigration des âmes, et pensaient qu'après la mort l'âme passait dans le corps de différents animaux, pendant l'espace de 3,000 ans, et qu'alors elle revenait dans le corps d'un homme ; et c'est ce qui leur faisait éviter de manger la chair des animaux, de peur de se nourrir de la chair même de leurs ancêtres. Il faut remarquer pourtant que tous les Égyptiens ne s'abstenaient pas de nourriture animale ; les

1.

opinions différaient beaucoup sur ce sujet. Certains animaux qu'on ne mangeait pas dans une province étaient mangés dans une autre ; dans quelques endroits on n'aurait pas voulu manger de poisson, dans d'autres on en mangeait en toute liberté. Mais on peut établir que la nourriture des Égyptiens consistait généralement en légumes. Ils buvaient l'eau du Nil qu'ils disaient d'un excellent goût et très-nourrissante. Dans leurs festins, ils buvaient une sorte de liqueur faite avec de l'orge, sans doute quelque chose comme notre bière. Ils n'avaient pas de vin, et on leur avait fait croire que le vin était le sang des démons. A ce sujet Michaelis fait observer, dans ses Commentaires sur les lois de Moïse, que les législateurs égyptiens se servaient de la religion pour fortifier et sanctifier les lois que la politique conseillait, selon l'opinion régnante.

« Ainsi la conservation de certains animaux était nécessaire au pays ; ils en faisaient alors les représentants de la divinité, ou leur appliquaient la doctrine de la transmigration des âmes afin de les rendre inviolables. L'Égypte ne produisait pas de vin en assez grande quantité pour en faire une boisson journalière, et son importation était dans les idées d'alors un commerce nuisible parce qu'il porte l'argent du pays aux nations étrangères. Or, dans un cas semblable, que doit faire un législateur? Les lois contre cette luxueuse importation des vins sont généralement sans effet. Si de telles lois étaient rendues en Suède, en Danemark, en Angleterre et dans le nord de l'Allemagne, elles n'aboutiraient qu'à faire boire le vin exempt de droit, car il serait continuellement passé en contrebande. Quant aux législateurs égyptiens, ils proclamèrent le vin une invention de l'esprit du mal. On permettait pourtant l'usage du jus de la grappe avant qu'il eût fermenté. Ainsi les personnes de haut rang pouvaient se procurer du vin doux ou du frais jus de la grappe, comme nous le voyons par l'histoire de Pharaon ; mais ni ce jus, ni ce vin doux ne pouvaient être importés en quantité suffisante pour l'usage général. »

Leurs vêtements, comme presque tous ceux des peuples de l'antiquité, consistaient en une tunique et une toge. La tunique ou vêtement de dessous ressemblait à la blouse que mettent nos paysans par-dessus leurs habits ; elle venait aux genoux, mais elle n'avait pas de manches, et était retenue à la taille par une ceinture. Chez les Romains ce vêtement était de laine ; il était de lin chez les Égyptiens. La toge, sorte de manteau, se portait sur la tunique, elle venait aux pieds et variait selon les goûts. Ils ne se servaient pas de bas, mais quelquefois ils s'attachaient un étroit morceau de toile autour des jambes. Leurs chaussures étaient des sandales fixées aux pieds par des cordons noués sur le devant. Ils ne portaient rien sur la tête, mais quand ils voulaient se la couvrir, ils ramenaient leur manteau comme un capuchon. Les vêtements des femmes étaient les mêmes que ceux des hommes, si ce n'est que la tunique avait des manches et descendait jusqu'aux pieds. C'était à peu près la robe moderne, sauf qu'elle était très-ample et retenue à la taille par une ceinture, au lieu d'être ajustée sur la personne, et qu'elle servait de vêtement de dessous. Les femmes portaient aussi le manteau serré à la taille, et dans ces chauds climats ces deux vêtements suffisaient. Les gens pauvres portaient leur manteau de couleur naturelle, tandis que les riches avaient les leurs teints de diverses couleurs ; la couleur pourpre était la plus estimée. De là vient que l'Écriture appelle un voluptueux Oriental celui « qui est vêtu de pourpre et du lin le plus fin et qui fait tous les jours bonne chère. » — Comme leurs vêtements étaient extrêmement amples, ils convenaient à tout le monde, et comme la mode ne changeait jamais, ils pouvaient se les transmettre de père en fils. Les personnes de qualité avaient de grandes garde-robes, et elles offraient à leurs hôtes des vêtements de rechange. Joseph donna à chacun de ses frères un habillement complet, et cinq à Benjamin en signe d'honneur particulier.

Passons maintenant à leurs habitations. Leurs temples et les maisons de leurs chefs étaient bâtis avec du marbre, mais celles des autres classes de la population étaient construites avec une sorte de brique faite avec de la boue et de la paille, puis durcie au soleil. Leurs meubles étaient peu nombreux : ils n'avaient besoin ni de table ni de chaises. Pour leur repas, ils étendaient une nappe sur le plancher et ils s'asseyaient sur les talons. Dans des climats aussi chauds, les garnitures de lit n'étaient pas nécessaires ; la toge qui leur servait de manteau durant le jour devenait une couverture pour la nuit. Cette coutume nous explique l'ordonnance suivante que nous trouvons dans la loi juive. « Si tu prends en nantissement le manteau de ton voisin, tu le lui remettras au coucher du soleil, car c'est sa couverture, le vêtement dans lequel il doit dormir. »

Nous voyons donc que presque toute la consommation des Egyptiens, soit en aliments, vêtements ou habitations, était le résultat des productions du pays, et qu'elle était par conséquent bien loin de favoriser un grand commerce extérieur.

Les Egyptiens avaient pourtant quelques coutumes qui les forçaient à la consommation de produits étrangers, par exemple celle de l'embaumement des morts. Je vous ai dit que les Egyptiens croyaient à la doctrine de la transmigration des âmes. Le mot transmigration est formé de deux mots latins, *trans* et *migro*. *Migro* veut dire se mouvoir, et *trans* au delà ; transmigrer veut dire se mouvoir au delà, se mouvoir d'un point à un autre. Ainsi la transmigration des âmes signifie le changement qui les fait passer d'un corps à un autre. Cette doctrine a encore un autre nom : *métempsycose*; mot formé de trois mots grecs, qui veulent dire, dans l'ordre où ils sont combinés, — *encore* — *dedans* — *âme*, c'est-à-dire *l'âme est encore dedans*. L'âme n'a pas plutôt quitté un corps, qu'elle est dans un autre. Les Egyptiens croyaient qu'à la mort d'un être humain, l'âme ne quittait pas le corps pour aller habiter les organes d'une brute avant qu'il eût commencé à se décomposer; c'est pourquoi ils l'embaumaient. L'embaumement consistait à introduire des drogues et des épices dans l'intérieur du corps; puis il était placé pendant deux ou trois mois dans une dissolution de salpêtre, d'où on le retirait pour l'envelopper étroitement de toile trempée dans quelque solution chimique. Les corps étaient ainsi éloignés de tout contact avec l'air extérieur; et une fois embaumés de cette façon, ils pouvaient se conserver pendant des milliers d'années. Les drogues et épices dont on se servait dans ce procédé n'étaient pas des produits de l'Egypte; mais on les apportait de l'Inde, soit directement, soit par l'Arabie. Les marchands de l'Arabie faisaient le commerce de ces denrées; et c'est de là que ces épices furent appelées épices d'Arabie, quoique ce pays n'en produisît aucune et ne fît que les importer de l'Inde.

Les importations de l'Egypte consistaient donc en bois de construction, métaux, drogues et épices.

3° Le commerce d'un pays dépend de sa position géographique, relativement aux autres nations.

De même que les affaires que fait un magasin dépendent souvent de sa position dans la ville, de même le commerce d'un pays se ressentira beaucoup de sa position relative aux autres contrées.

Vous savez que l'Egypte est située en Afrique, qu'elle est entourée de déserts au sud et à l'ouest. Au nord est la mer Méditerranée, à l'est la mer Rouge et l'isthme de Suez. L'Egypte ne pouvait donc trafiquer avec aucune nation méridionale ou occidentale ; mais seulement, par sa frontière septentrionale, avec les Phéniciens, qui, à cette époque, étaient en possession de tout le commerce de la mer Méditerranée ; par sa frontière orientale, avec l'Inde ; et par terre, avec la Palestine et l'Arabie. Elle pouvait recevoir des Phéniciens, en échange de son blé, du bois de construction, des métaux de différents genres et des articles manufacturés de toutes sortes. Les Phéniciens étaient si renommés par leur adresse dans la taille des bois, que Salomon les employa à couper dans les forêts du Liban le bois qui devait servir à la construction des monuments qu'il faisait élever à Jérusalem. L'Egypte tirait de la Palestine le baume, l'huile d'olive et le miel ; de l'Arabie et de l'Inde, des épices, des drogues et autres productions des climats plus chauds. Du temps de Joseph, nous voyons que des compagnies de marchands arabes portaient des denrées de ce genre en Egypte ; du reste, nous devons remarquer que tout le commerce extérieur de ce pays était fait par des étrangers, et non des Egyptiens.

4° Le commerce d'un pays dépend de ses moyens de communication intérieure et extérieure.

Une grande facilité de communication est indispensable au commerce intérieur d'un pays ; car comment des marchandises pourraient-elles être transportées d'un endroit à un autre, sans route, rivière, canal ou quelque autre moyen de communication? Elle a la même utilité pour le commerce extérieur ; sans elle, comment les exportations seraient-elles amenées de l'intérieur du pays à la frontière, et les importations, de la frontière dans l'intérieur du pays?

Les communications intérieures en Egypte étaient très-étendues, grâce à ses canaux qu'alimentaient les eaux du Nil? Comme le débordement de ce fleuve était la cause de toute la fertilité du sol, on avait construit des canaux en vue de conduire ses eaux dans toutes les directions,

de manière que tout le pays fût inondé et par conséquent fertilisé. Outre ces canaux et leurs bateaux qui ai-
daient à la communication entre les différentes parties
du pays, la formation de bonnes routes devenait très-
facile, car le pays était plat et n'avait pas de forêt dont
on eût à se débarrasser. L'Egypte avait donc toute facilité pour échanger les productions de la campagne contre
celles de la ville, et aussi pour transporter les exportations
vers les côtes. Les ports, quoique peu nombreux, suffisaient au commerce extérieur. C'est ce que l'expérience
a prouvé à une époque postérieure de son histoire.

En ce qui concerne la construction des vaisseaux, l'E-
gypte devait importer le bois de construction, le cuir et
le fer de la Phénicie ; mais comme elle produisait du
chanvre en grande quantité, elle ne manquait pas de matériaux pour les voiles et les agrès. On a dit qu'à une
certaine époque, l'Egypte avait 400 vaisseaux ; mais nous
ne connaissons pas leurs dimensions, non plus que l'usage
auquel ils étaient destinés. On s'en servait sans doute
pour le commerce entre l'Egypte et l'Inde. Nous pouvons
nous étonner de ne pas voir l'Egypte devenir une plus
grande puissance maritime, en pensant que ce pays était
inondé pendant trois mois de l'année et traversé par des
canaux. Le peuple devait être habitué à la navigation fluviale, et un peu plus de hardiesse et d'industrie l'eût mis
à même de naviguer sur mer. La construction des vaisseaux n'était à aucun égard un résultat auquel il ne pût
atteindre. Il eût suffi du même travail et de la même
adresse qu'il avait mis à élever les pyramides, pour construire une flotte. Mais nous devons nous souvenir que le
commerce extérieur ne fut jamais encouragé ni par la religion, ni par les lois de l'Egypte. Sa politique était fondée
sur l'agriculture, comme le fut plus tard celle des Israélites. De plus, il faut observer qu'à cette époque l'art de
la navigation était imparfaitement connu, qu'on se bor-

naît à la navigation le long des côtes, et que, s'il existait assez de notions astronomiques pour se servir des étoiles, on ne connaissait pas la boussole.

5° Le commerce d'un pays dépend de l'état des arts et des sciences dans ce pays.

Parmi les arts et les sciences, il y en a quelques-uns qui sont essentiels à l'exercice du commerce. Non-seulement les hommes doivent arriver à ce degré de civilisation qui comprend le droit de propriété particulière, la formation du gouvernement civil et la connaissance de ces arts qui sont essentiels à l'existence ; mais ils doivent aussi connaître les méthodes du calcul numérique, la construction des vaisseaux et l'art de la navigation. Nous trouvons dans l'Ecriture plusieurs allusions au savoir des Egyptiens. On nous dit que la sagesse de Salomon surpassait toute la sagesse de l'Egypte, et que Moïse avait été complétement initié à celle-ci. La connaissance des arts mécaniques, montrée par les Israélites dans la construction du tabernacle dans le désert, est une preuve que ces arts étaient bien connus en Egypte. Les Israélites, qui étaient primitivement bergers, doivent les avoir appris pendant leur séjour dans ce pays.

Les Égyptiens ont, dit-on, inventé la géométrie, et en effet, le débordement du Nil effaçait toute séparation entre les domaines, et il devenait nécessaire de faire tous les ans une nouvelle inspection géométrique, afin de rendre à chacun son bien. La science de la géométrie suppose nécessairement l'art de mesurer les quantités et de calculer les valeurs.

Quant à leur système monétaire, les Egyptiens, comme les chinois de nos jours, n'avaient pas de pièces de monnaie, mais ils se servaient d'or et d'argent en lingots. Ils recevaient et payaient au poids. Ce fut du reste la coutume à une époque très-ancienne du monde, car on ne fit usage d'argent-monnaie que quelques siècles avant l'ère chrétienne.

Dans tous les pays, l'argent fut primitivement pesé. Lorsque Abraham acheta à Ephron un lieu de sépulture, il paya en poids 400 sicles d'argent-monnaie courante chez les marchands, ce qui fait supposer une différence avec la monnaie d'usage ordinaire. C'était sans doute de l'argent en pièces ou barres, portant une estampille prouvant sa pureté et sa quantité et apposée probablement par les marchands phéniciens. Nous croyons que la coutume de peser l'argent se continua jusqu'aux jours de Jérémie. Les déclarations de l'Ecriture contre la falsification des poids et mesures, quoique applicables à toutes ventes au poids, doivent sans doute leur origine à la coutume de peser l'argent. Et lorsque le prophète Daniel dit à Balthazar : « Tu as été pesé dans la balance et tu as été trouvé trop léger, » il doit faire allusion à une pièce d'argent qui ne pesait pas ce que la marque indiquait. Il faut remarquer aussi que, dans les temps anciens, l'argent, et non l'or, était employé comme numéraire. Dans l'histoire juive nous ne voyons pas qu'on ait employé l'or avant l'époque de David, lorsqu'il acheta l'aire d'Araunah, le Jébuséen. On ne parle que de l'or qui servait aux joyaux ou ornements. Le sicle n'est pas le nom d'une pièce de monnaie, mais d'un poids, et il peut vous être utile de vous souvenir qu'un sicle pesait environ une 1/2 once, ce qui nous donne pour la valeur d'un sicle d'argent une 1/2 couronne, et pour celle d'un sicle d'or, environ 2 livres. Nous supposons qu'une pièce voulait dire un sicle. Quand nous lisons 30 pièces d'argent, nous devons comprendre 30 sicles d'argent, c'est-à-dire 30 1/2 couronnes. Un talent d'argent pesait 125 liv.bs. ou 3,000 sicles, et valait 375 livres sterling ; un talent d'or en valait 6,000. La quantité de numéraire en circulation n'était sans doute pas très-considérable, car comme chacun produisait ses aliments et ses vêtements, on n'avait que peu d'occasions d'acheter et par conséquent un besoin très-limité d'argent. La quantité de numéraire en circulation dans un pays est proportionnée à son commerce intérieur et extérieur. — Il nous paraît probable, d'après l'histoire de Joseph, que la taxe ou rente payée au souverain, l'était en nature et non en argent. Mais quoique la quantité d'or et d'argent employée comme monnaie ne dût pas être considérable, nous pouvons pourtant supposer avec raison que le commerce de l'Egypte l'avait amplement pourvue de ces riches métaux. Ce que de nos jours nous appelons la balance du commerce doit avoir été grandement en sa faveur. La valeur de ses exportations a excédé celle de ses importations, et la balance a dû être acquittée en or et en argent. Il paraîtrait que du temps de Joseph le blé était vendu argent comptant, et nous pouvons conclure de diverses circonstances que l'Égypte était un pays riche en métaux précieux. Quand les Israélites le quittèrent, chaque femme emporta de ses voisines des bijoux d'or et d'argent et des vêtements. Aaron fit quelque temps après un veau d'or à l'imitation de ceux des Égyptiens, ce qui est encore la preuve que les idoles de ce pays étaient faites en or. Près de mille ans plus tard le prophète Daniel parle de l'or, de l'argent et des objets précieux de l'Egypte.

Comme ce n'est pas une leçon sur les antiquités de l'Egypte que je veux vous faire, je ne vous décrirai pas les pyramides ni les autres monuments d'architecture de ce pays. Je vous ferai seulement observer qu'il est probable qu'ils ne sont pas revenus aussi cher que nous serions disposés à le croire. Les denrées alimentaires étaient abondantes et à bon marché, le taux des salaires devait être très-faible, et de plus, comme le roi recevait les taxes en nature, il n'en pouvait mieux disposer qu'en les rendant au peuple en échange de son travail. Un des principaux motifs qui ont dû contribuer à l'érection de ces monuments était sans doute le besoin de donner de l'occupation au peuple, car dans un pays si fertile, et où, par conséquent, les besoins étaient si limités, il devait y avoir un grand nombre d'individus inoccupés. Ces individus n'auraient pu être employés que dans des manufactures, à la guerre, ou bien rester oisifs ; et comme l'Égypte n'avait presque pas de manufacture, peu de commerce, et pas de voisin assez puissant pour être souvent en guerre, elle dut employer le peuple à la construction des pyramides, afin de l'empêcher de se livrer à la paresse, et peut-être à la révolte. Si tel fut le cas, le motif était bon, mais il est à regretter que ces efforts n'aient pas servi à un but plus utile.

Les arts et les sciences étaient conservés en Egypte par une caste d'hommes qu'on pourrait appeler indifféremment classe privilégiée ou classe lettrée.

C'est dans cette caste qu'étaient choisis les ministres de la religion, les législateurs, les magistrats, les officiers du gouvernement, les médecins, les astronomes, et tout ceux qui ne vivaient pas du travail manuel. Au moins un tiers des impôts de toute nature était assigné à la classe lettrée. Le législateur juif, agissant au nom de l'autorité divine, adopta ce trait de l'organisation égyptienne. La tribu de Lévi était la classe lettrée. La répartition des membres de cette tribu parmi toutes les autres avait pour but de répandre l'instruction sur un peuple qui, privé de l'art de l'imprimerie, n'avait que bien peu d'autres moyens de s'instruire.

6° Le commerce d'un pays dépend de ses lois.

Certaines lois sont favorables au commerce, d'autres lui sont contraires, et il est évident que le commerce prospérera bien davantage quand les lois lui seront favorables que lorsqu'elles ne le seront pas. Les principales lois et coutumes relatives au commerce étaient celles-ci :

1° Toute la terre appartenait au roi qui recevait une rente d'un cinquième du produit. Cette loi était hostile au commerce. Aucun terrain ne pouvait être acheté ni vendu. Si une personne acquérait de la richesse par son négoce, elle ne pouvait la placer en terre. Sous le régime féodal qui exista par toute l'Europe jusqu'au XVIᵉ siècle, la terre était regardée aussi comme appartenant au souverain, et c'est de lui que la tenaient les propriétaires lesquels étaient soumis, en conséquence, à la charge de rendre certains services. Il s'ensuivait que leurs propriétés ne pouvaient être vendues. Aussi ce ne fut qu'après qu'Henri VII eut permis aux barons et autres propriétaires de vendre leurs terres, que le commerce commença à fleurir chez nous.

2° En Égypte les habitants étaient divisés en castes héréditaires. C'était une grande entrave pour le commerce. Les fils des cordonniers devaient être cordonniers, les fils d'un tailleur, tailleurs, et les fils d'un soldat, si impropres qu'ils fussent au service, soldats comme leur père. Dans l'histoire, nous ne rencontrons cette institution que dans l'Égypte et l'Inde ; et quelques personnes en ont conclu qu'il devait exister autrefois entre ces deux pays de grandes relations. Cette division des castes peut avoir contribué au perfectionnement des arts mécaniques, mais elle doit avoir été un obstacle aux entreprises commerciales.

3° Non-seulement tout individu appartenait par droit de naissance à une caste, mais il lui fallait encore obtenir d'un magistrat un certificat pour constater qu'il avait une industrie quelconque, et celui qui avait fabriqué un faux certificat était puni de mort. Une semblable loi est faite pour nous prouver combien les magistrats tenaient à voir le peuple occupé, et combien, d'un autre côté, le peuple était disposé à l'oisiveté. Chez les Égyptiens il était d'habitude pour les hommes de s'occuper des affaires dans leur intérieur, et de laisser aux femmes tous les soins du commerce, achats et ventes. C'est sans doute parce que l'administration du ménage était confiée à la femme, qu'il existait en Égypte une loi qui disait « que dans le cas où les parents seraient réduits à la misère, c'étaient les filles et non les fils qui étaient forcées de les soutenir. »

4° Une loi d'Égypte établissait que le créancier ne pouvait s'en prendre qu'à la fortune de son débiteur et non à sa personne. Il arrivait souvent qu'on empruntait de l'argent en déposant comme caution le corps embaumé de quelque parent. Un Égyptien qui ne payait pas cette dette et ne dégageait pas le corps, était déclaré infâme. Quelquefois les Égyptiens, dans leurs festins, faisaient apporter les corps de leurs ancêtres avec cette inscription sur la tête. « Regardez-moi et réjouissez-vous ; car vous serez tel que je suis quand vous serez mort. »

L'emprisonnement pour dettes n'a que bien rarement existé, s'il a même jamais existé en même temps que l'esclavage domestique. Un homme insolvable n'est pas dans le cas de payer ses créanciers tant qu'il est retenu en prison ; mais si l'esclavage existe, il peut être vendu comme esclave, et le produit de cette vente est appliqué à la liquidation de ses dettes. Dans les pays où l'esclavage n'existe pas, les débiteurs sont souvent emprisonnés, soit pour éviter qu'ils ne s'échappent avec leur fortune, soit comme châtiment dans le cas où leur insolvabilité est le résultat de leur mauvaise conduite, ou dans le but de forcer leurs amis à payer leurs dettes afin de leur procurer la liberté.

5° Les Égyptiens avaient un tribunal funéraire par lequel un mort était jugé avant qu'il pût être enterré. Après sa mort, tout Égyptien était apporté devant ce tribunal, et s'il était convaincu d'avoir, durant sa vie, agi indignement, on lui refusait une place dans le lieu de sépulture de ses ancêtres. C'était une grande honte pour sa famille, et, suivant la théologie égyptienne, l'âme du décédé était, par ce fait, privée de l'entrée du ciel. Une des raisons qui faisaient infliger cet opprobre était la mort dans l'état de débiteur. Si pourtant les amis et parents du défunt payaient ses dettes, comme cela arrivait souvent, on leur permettait de l'enterrer. Une telle institution doit avoir eu un effet puissant sur la conduite des individus dans leurs transactions commerciales, les uns avec les autres. Un homme qui savait que tout acte de déloyauté d'injustice, de mensonge, ou de tromperie qu'il aurait accompli dans le cours de ses affaires, pouvait être proclamé, à la honte de sa famille, sur son corps inanimé, devait être en garde contre tout ce qui pouvait donner lieu à un semblable opprobre.

Comme nous n'avons rien de positif sur la manière dont se pratiquait ce jugement, peut-être nous est-il permis d'en emprunter le tableau à l'imagination. Un marchand égyptien vient de mourir, et l'heure de l'examen de sa conduite passée a sonné. La salle du jugement est encombrée de citoyens ; le corps, suivi par un long cortége des parents affligés, est amené et placé au milieu ; les juges s'asseyent et toute l'assemblée fait silence. Un officier de la cour dit. « Si quelqu'un parmi vous connaît une juste cause qui ne permette pas que le corps de notre concitoyen mort soit placé dans la tombe, il doit maintenant le déclarer. » — Une voix. — « Je m'oppose à la sépulture, car j'ai fait souvent des affaires avec le mort et n'ai jamais pu compter sur sa parole. » — Une autre voix. — « Je m'oppose à la sépulture, car le mort essaya de porter atteinte à ma réputation pour m'enlever des clients. » — « Une troisième voix. — Je m'oppose à la sépulture, car il vivait d'une manière extravagante, même quand il savait ne pouvoir payer ses dettes. » — Une quatrième voix. — « Je m'oppose à la sépulture, car il céda sa propriété à un ami et put jouir ainsi de l'immunité du débiteur insolvable. » Alors les juges se lèvent et s'écrient : « Assez, assez, emportez-le, emportez-le. Jetez son corps en pâture aux animaux sauvages ou aux oiseaux de proie, mais que la terre ne soit jamais profanée, en recevant dans son sein les restes indignes d'un homme si méprisable. »

7° Le commerce d'un pays dépend du génie et du caractère de ses habitants.

Une nation peut posséder tous les avantages naturels pour le commerce et avoir des lois favorables à son développement ; mais si elle n'en a ni le génie, ni le goût, si son caractère ne s'y prête pas, son commerce ne prospérera jamais.

Les Égyptiens avaient, au point de vue du commerce, trois graves défauts.

1° Ils étaient très-paresseux. Sur une des pyramides se trouvait cette inscription. « Nul Égyptien n'a travaillé ici. » La paresse des Égyptiens était sans aucun doute causée par le climat. Les habitants des pays chauds sont moins disposés au travail et ont une moins grande force physique que ceux des climats froids. Dans l'histoire de la guerre, nous voyons que toujours les conquêtes s'étendent vers le Sud ; c'est-à-dire que les nations méridionales ont toujours été conquises par celles du Nord. Une autre cause de la paresse des Égyptiens était la grande abondance des moyens de subsistance. Nous devons remarquer que, plus la terre est fertile, plus le peuple est paresseux. L'Arabie est un pays aussi chaud que l'Égypte, et cependant les Arabes, dont les terres sont stériles, sont très-actifs et très-entreprenants. Les nègres de la côte occidentale d'Afrique qui vivent sous un soleil brûlant, mais dont les moyens d'existence sont insuffisants, sont une race d'hommes vigoureux et athlétiques.

2° Un autre défaut dans le caractère des Égyptiens, au point de vue commercial, était leur indifférence pour le bien être et les aisances de la vie. Le goût du luxe, s'il eût existé chez eux, aurait balancé l'effet produit par le climat et l'abondance des aliments. Ils eussent été industrieux s'ils eussent désiré le bien-être. Le docteur Johnson remarque avec raison que pas un homme n'aime le travail pour le travail même. Le travailleur a toujours en vue quelque récompense, quelque bien réel ou imaginaire, qui doit être le but de ses peines. Et là où le peuple ne désire rien au delà de ce qu'il possède, aucun stimulant n'existe pour ses efforts. Rien n'est si nécessaire au commerce, rien n'est si profitable aux individus eux-mêmes, que le désir de ce qu'on appelle le luxe de l'existence. Il n'est pas probable qu'il devienne jamais commerçant, le pays dans lequel le peuple se contentera de la nourriture la plus pauvre, du vêtement le plus grossier, et d'une misérable cabane pour abri.

3° Le troisième défaut des Égyptiens était leur naturel insociable. Les distinctions de castes les éloignaient les uns des autres; leur ignorance et leurs préjugés les éloignaient des autres nations. Un écrivain ancien a dit qu'en Egypte les antipathies nationales étaient telles qu'un Egyptien n'aurait pas voulu embrasser une femme de la Phénicie. On peut mettre en doute une telle exagération de ces sentiments, mais tout nous prouve qu'ils étaient très-puissants. Tous les pays voisins les croyaient des hommes sombres et tristes. De telles dispositions sont tout à fait opposées à l'esprit du commerce. Un négociant ne doit connaître aucun préjugé national. Il ne doit pas regarder certains hommes comme des ennemis naturels sur le simple motif que le lieu où ils sont nés est séparé par une chaîne de montagnes, une rivière, ou un bras de mer, de celui où il est né lui-même. Il est citoyen du monde, il y répand le bonheur en donnant aux habitants de toutes les contrées des jouissances et un luxe que sans lui ils ne pourraient jamais posséder.

Le caractère des Egyptiens fut donc le principal obstacle

au développement de leur commerce. C'était une race d'hommes graves, lents, paresseux, peu entreprenants, vindicatifs lorsqu'ils étaient offensés, mais autrement d'un caractère tranquille et paisible, très-modérés dans leurs habitudes, très-attachés aux anciens usages, très-soumis à leurs monarques, très-moraux, très-religieux.

En définitive, établissons pour règle principale cette dernière remarque : le commerce d'un pays dépend du caractère de ses habitants. N'oublions jamais que la principale cause de la prospérité de toute ville ou contrée réside dans le caractère moral ou intellectuel de ses habitants. Tous les avantages possibles que donne une situation heureuse seront annulés par la mauvaise conduite du peuple. Si, au lieu de profiter de ces avantages naturels et de persévérer dans les constantes occupations du négoce, les commerçants négligent leurs affaires et ont recours à l'escroquerie, au jeu, à la fraude, ils attireront évidemment sur eux-mêmes la ruine et le déshonneur que de tels procédés ne manquent jamais de produire. C'est par l'honnèteté, l'industrie, la prudence, la persévérance et l'amour du bien public que les contrées et les villes prospèrent. Tout homme doit appliquer ses efforts à augmenter le bien-être et le progrès de son pays. Il n'y a pas de vertu plus noble et plus belle que le zèle du bien public. C'est lui qui porte un homme à sacrifier ses intérêts, ses convenances, ses inclinations à l'avantage général; mais remarquez ceci : l'esprit de parti n'est pas le patriotisme; l'un veut le triomphe d'un parti, l'autre recherche le bien de tous. L'un n'est qu'une imitation d'or, l'autre est de l'or pur. Souvenez-vous aussi que celui qui désire être un homme utile doit être un homme actif. Les hommes qui ne possèdent que des talents médiocres, s'ils sont actifs, font souvent plus de bien et acquièrent une plus grande influence que des hommes d'un mérite très-supérieur, mais plongés dans l'indolence. Ce qui manque en force peut se compenser par la vitesse, et l'on voit des corps légers acquérir une plus grande puissance que celle de corps plus lourds, mais qui se meuvent plus lentement.

Parmi les moyens les plus efficaces d'amélioration, nous plaçons en première ligne les institutions littéraires et scientifiques ; elles répandent le goût des recherches philosophiques, elles donnent des habitudes de discipline morale, elles excitent le désir de savoir, et nous amènent à l'étude et à la réflexion. Elles rapprochent les personnes de différentes classes et adoucissent ainsi les aspérités des opinions religieuses et politiques, elles empêchent l'esprit de se livrer à l'erreur et à la frivolité, et établissent le domaine de la raison sur les passions. Elles sont particulièrement utiles à la jeunesse, en ce qu'elles encouragent la culture des facultés intellectuelles qui seront toujours les moyens les plus certains de succès dans toute profession.

Quand nous pensons au nombre des sciences humaines et au laps de temps qu'il nous faut pour les acquérir, nous trouvons de puissants motifs pour redoubler nos efforts à la recherche du savoir et de grandes raisons d'humilité, alors même que ces efforts auraient été couronnés de succès. L'homme le plus sage de la terre ne sait que peu de choses en comparaison de ce qu'il ne sait pas ; mais quoique nous ne puissions pas, même à l'aide du plus grand travail, posséder toutes les sciences, nous pouvons acquérir du moins une connaissance assez générale de chacune d'elles pour qu'elle puisse contribuer à notre propre satisfaction, nous offrir d'agréables sujets de conversation, nous poser dans le monde et nous mettre à même d'être utiles aux autres. On a dit, il est vrai, que « peu de science était une mauvaise chose, » ce qui serait exact dans ce sens où l'on dirait que peu d'argent est un mauvaise chose. C'est une mauvaise chose en effet de n'avoir que peu de science ou peu d'argent, mais il en est encore une plus mauvaise, c'est de n'en avoir pas du tout.

Espérons donc que nos institutions littéraires et scien-tifiques produiront quelques-uns des résultats dont nous avons parlé. Nous ne nous donnons pas pour des philosophes; nous nous réunissons pour notre édification et notre perfectionnement mutuel. En enseignant les autres, nous nous instruisons nous-mêmes; en répandant nos trésors nous augmentons notre fonds. En même temps que nous étendons les satisfactions d'autrui, nous nous amassons à nous-mêmes une abondante moisson de pensées consolantes pour l'avenir. Et soyez assurés que parmi tous les plaisirs de la vie présente, il n'en est pas de plus pur, de plus durable et plus doux pour un cœur bien placé que celui que donne la conscience d'avoir contribué au bonheur de ceux qui nous entourent.

DEUXIÈME LEÇON.

DU COMMERCE DE LA GRÈCE ANCIENNE.

Origine de la civilisation. — Histoire des temps primitifs de la Grèce. — Garantie de la propriété individuelle. — L'Attique. Sparte. — Administration de la justice. — Loi sur le commerce. Tribunaux. — Établissement des villes. Avantages qu'offrent les villes. — De la meilleure situation des villes. Athènes. Corinthe. Syracuse. — Marchés et foires. Fêtes. Ancienne législation des foires. — Des institutions monétairés et des banques. Numéraire et banque à Athènes. Caractère commercial des Grecs.

L'histoire ancienne de la Grèce, comme celle de tous les autres peuples, est enveloppée dans l'obscurité des fables. Les naturels vécurent d'abord à l'état sauvage; ils n'avaient nulle idée de la civilisation qui s'était répandue en Égypte et à Babylone. Mais nous ne devons pas conclure de ce fait et d'autres analogues que l'état sauvage est l'état naturel à l'homme. Si les hommes avaient été créés sauvages, ils fussent restés sauvages à tout jamais ; car c'est le propre de l'ignorance d'être contente d'elle-même. Il est impossible que les hommes désirent une existence plus ample dont ils n'ont aucune idée. L'histoire du monde ne nous présente pas un seul exemple d'une nation sauvage se civilisant par ses propres efforts. La civilisation a toujours été importée chez les nations sauvages par leur contact avec des nations plus avancées. Nous avons des preuves évidentes qu'avant le déluge, le genre humain était civilisé, ou du moins que les individus préservés du déluge n'étaient pas sauvages. Le premier travail de Noé fut de planter une vigne ; opération qui dénote une civilisation assez avancée. Sans doute aussi que les arts et les sciences qu'il connaissait furent enseignés par lui à ses descendants, et ce fut ainsi que la civilisation se perpétua.

Les familles qui s'établirent dans les plaines de Babylone et en Egypte ne paraissent pas avoir oublié ce qu'elles avaient appris des arts de la vie civilisée. Nous en trouvons la raison dans plusieurs circonstances : la première de toutes fut la fertilité de leur sol, qui ne réclamait pour sa culture qu'une partie des bras de la communauté, et permettait par conséquent à ceux qui n'étaient pas occupés à la terre de se livrer à la pratique des arts mécaniques et à l'étude des sciences ; la seconde, l'accroissement de la population dû à cette abondance d'aliments, et qui permit une plus grande division du travail, d'où résultait une plus grande production des objets de luxe et d'agrément ; enfin, la troisième fut la configuration de leur pays qui, avec ses vastes plaines, facilita des relations continuelles avec les familles qui, par suite de l'augmentation de la population, s'éloignaient de la communauté, à la recherche de nouveaux établissements. Toutes les nouvelles découvertes dans les arts et les sciences pouvaient leur être facilement communiquées; et c'est ainsi que la civilisation progressa.

D'un autre côté, les familles qui, sous la conduite d'un chef de leur choix, s'étaient dirigées vers des pays traversés par des montagnes, cessèrent bientôt toute relation les unes avec les autres; et comme elles n'étaient composées que d'un petit nombre d'individus, et que les efforts de toute la communauté devenaient nécessaires à la culture de la terre, il ne leur resta aucun loisir pour s'occuper des arts de luxe, ni même de ceux des arts mécaniques qui ne sont pas indispensables à l'existence. Après quelques générations, ces arts furent complétement oubliés; puis les générations suivantes devinrent de plus en plus ignorantes, jusqu'à ce qu'elles finirent par tomber dans la barbarie. Ce sont là les causes qui, à nos yeux, ont dû amener la chute de quelques-unes des grandes familles du genre humain primitivement civilisées.

Tel fut le destin des habitants de la Grèce antique. Ils restèrent ainsi à l'état sauvage pendant les quelques siècles qui précédèrent l'arrivée sur leurs rivages de colonies d'Égyptiens et de Phéniciens, qui apportèrent avec eux la civilisation. Les colons établirent chez les Grecs le droit de propriété, la forme du gouvernement civil, et leur enseignèrent plusieurs arts utiles. De leur côté, les Grecs, ayant un sol très-fertile qu'ils ne savaient pas cultiver, et trouvant de grands avantages dans les connaissances que possédaient les colons, engagèrent ceux-ci à s'établir chez eux, et se soumirent à leur gouvernement. Ces colons n'étaient cependant pas envoyés par les nations auxquelles ils appartenaient; c'étaient des tribus indépendantes, qui, pour diverses raisons, étaient parties à la recherche de nouveaux établissements, sous la conduite d'un chef de leur choix. On dit que l'Attique, dont la capitale était Athènes, a été colonisée par l'Égyptien Cécrops, en l'an 1556 avant Jésus-Christ.

2.

La Grèce était divisée en une infinité de petits États. Quoique les limites de ces états fussent suffisantes pour les défendre contre l'agression, elles n'opposaient aucun obstacle aux relations de leurs habitants respectifs. Il y avait entre eux des rapports commerciaux. Le blé, le vin, la laine, les olives de certains États étaient échangés contre les métaux ou les produits manufacturés d'autres États. D'abord presque tout le commerce des Grecs se borna aux divers États de leur pays ; leur commerce extérieur était très-limité. Les seuls peuples qu'ils connussent étaient les Perses, les Égyptiens et les Phéniciens. Toute l'Europe, à l'exception de la Grèce, était alors dans l'état où sont de nos jours la Tartarie et les parties incultes de l'Amérique. La Perse et l'Égypte n'étaient pas commerçantes ; mais les Grecs trafiquaient avec les Phéniciens, et se procuraient, par leur entremise, les productions de l'Inde, de l'Afrique et des autres parties du monde.

Plus tard les Grecs fondèrent des colonies dans quelques îles de la mer Méditerranée et sur les côtes de l'Asie Mineure : il en résulta un grand commerce entre ces colonies et la mère-patrie. Ces relations commerciales donnèrent lieu à l'entretien d'une force maritime qui développa l'art de la navigation et de la construction des vaisseaux. A une époque plus avancée, alors que toutes les forces navales de la Grèce étaient placées sous le commandement d'Athènes, la puissance et le commerce de cette ville s'accrurent d'une manière considérable. Au moyen de sa marine, non-seulement elle trafiquait directement avec ses colonies, mais elle était l'agent des transports qui avaient lieu d'une colonie à une autre. Il arriva un moment où quelques-unes des colonies se distinguèrent par leur prospérité commerciale et possédèrent un gouvernement indépendant. En résumé, la Grèce, par la diversité de ses productions, le génie et l'activité de ses habitants, le nombre de ses îles, la grande étendue de ses côtes et l'excellence de ses ports, la Grèce, disons-nous, possédait beaucoup d'avantages commerciaux qui contribuèrent puissamment à sa fortune. Grâce à la supériorité de sa flotte, Athènes étendit au loin son commerce, et l'on pouvait trouver sur ses marchés les produits de toutes les autres parties de la Grèce.

Des faits qui se rattachent à l'histoire de la Grèce, on peut tirer des conséquences commerciales que je vais essayer de vous exposer.

1° Le commerce est favorisé par la garantie de la propriété.

L'homme n'aime pas le travail pour le travail même. Lorsqu'un homme est industrieux, c'est dans l'espoir d'obtenir une récompense de son industrie ; et si les résultats d'une industrie heureuse pouvaient lui être soudainement ravis, il ne travaillerait pas à les acquérir. Aussi un pays barbare ne peut-il jamais être un pays commerçant. Avant que le commerce puisse prendre naissance dans une nation, il faut qu'elle soit assez puissante pour se défendre contre les attaques des autres nations et qu'un gouvernement soit assez solidement établi pour protéger la propriété de tout citoyen contre la rapacité d'autrui. Dans l'état primitif de la Grèce, il ne pouvait se faire de commerce ; mais le commerce s'étendit dès que l'on respecta le droit de propriété et que l'industrie eut l'assurance de récolter les fruits de ses efforts.

Il est non-seulement nécessaire à l'existence du commerce que la propriété soit garantie, il lui faut encore le droit de propriété individuelle. Cette observation nous vient naturellement à l'esprit, à l'exposé des institutions sociales de Sparte. Les lois de Lycurgue abolissaient la propriété privée. Les citoyens partageaient tous le même sort ; ils se réunissaient à la même table et portaient les mêmes vêtements. L'homme le plus élevé en dignité ne pouvait être distingué par son costume du plus humble citoyen. Le luxe était aboli, la nourriture la plus grossière était ordonnée, l'or et l'argent étaient prohibés, et on ne permettait que la monnaie de fer. Les citoyens étaient tous des soldats, qui vivaient ensemble dans un camp commun, liés l'un à l'autre par un attachement exalté pour leur pays, mais qui n'avaient pas plus d'humanité pour leurs esclaves, que de bons sentiments les uns envers les autres. C'était une nation de soldats n'ayant même pas ce goût du luxe qu'aiment généralement les soldats. Personne ne s'occupait d'acquérir de la fortune, puisque ce que tout citoyen possédait appartenait à la nation ; et la nation n'avait aucun motif pour amasser des richesses, puisque ses lois prohibaient les jouissances qu'elles procurent. C'était une sorte de sauvagerie réduite en système — système qui commandait le sacrifice de tous les sentiments d'humanité. Une mère spartiate demandait à un soldat revenant de la guerre : « Notre armée est-elle victorieuse ? » — Il répond : « Votre fils est tué. — « Imbécile » repartit-elle, « je ne te parle pas de lui ; je te demande si notre armée est victorieuse ? » Il serait difficile de trouver des mœurs plus opposées à celles que le commerce fait naître.

2º Le commerce est favorisé par une administration impartiale de la justice publique.

Le droit de propriété individuelle ne peut être garanti que par la loi ; et les lois sur la propriété sont plus nombreuses dans les pays commerçants que dans les autres, à raison de la diversité des moyens d'acquérir et de transmettre la propriété et à raison aussi de la difficulté de tracer des limites entre des droits variés et nombreux. Le commerce est affecté par toutes les lois concernant la production industrielle et commerciale, l'échange, les moyens de transport, l'établissement des impôts, et le châtiment des délits. Outre ces lois générales qui affectent tous les commerces, chaque pays a des lois particulières à certains commerces, des lois sur les importations et exportations de certaines marchandises.

Les Athéniens avaient des lois qui restreignaient les exportations. Ils prohibaient l'exportation de toutes les denrées dont leur sol ne produisait que la quantité nécessaire à la consommation intérieure. Ainsi la sortie des figues et de toutes les autres espèces de fruits, sauf les olives, était prohibée, il en était de même pour la laine et la poix. Le sol de l'Attique était stérile ; ni le labourage ni le pâturage n'y prospéraient, mais il produisait des olives en abondance. L'olive était regardée comme consacrée à Minerve, selon la légende qui raconte que lorsque Athènes fut bâtie, Neptune et Minerve se disputèrent l'honneur de donner un nom à la ville. Il fut convenu que celui qui ferait le présent le plus utile à l'homme baptiserait la nouvelle cité. Neptune, en frappant la terre, en fit sortir un cheval ; et Minerve un olivier. Tous les dieux décidèrent en faveur de Minerve, parce que l'olivier, qui est l'emblème de la paix, est plus utile à l'homme que le cheval, emblème de la guerre. Et à ce propos nous devons remarquer que, chez les anciens, les chevaux ne servaient qu'à la guerre ; on employait les bœufs au labourage, et comme monture, c'étaient les mules qui étaient en usage. Donc, Athènes exportait ses olives et importait le blé. Outre les olives, elle exportait encore le miel, le marbre et les produits de ses mines de cuivre et d'argent, puis, dans les derniers temps, beaucoup d'élégants ouvrages d'art. Les olives étaient à cette époque non-seulement mangées comme fruits, mais l'huile que l'on en tirait servait à divers usages, à oindre les corps, à brûler dans les lampes, à faire certain pain, et dans toutes les circonstances où nous avons l'habitude de nous servir de beurre. Comme les anciens n'avaient pas de sucre, le miel était aussi d'un usage très-répandu. En décrivant Chanaan comme une terre dont les ruisseaux étaient de miel et de lait, on offrait un tableau fort attrayant à un peuple qui ne connaissait ni le thé ni le sucre.

Les lois d'Athènes réglaient aussi les importations. Il y avait encouragement à l'importation du blé, du bois de construction et d'autres matériaux servant à la construction des vaisseaux. Si un Athénien, pour son compte ou celui d'autrui, transportait du blé dans toute autre ville qu'Athènes, un mandat était lancé contre lui, et le dénonciateur pouvait réclamer la moitié du blé. De crainte d'accaparement, il était défendu à tout citoyen de posséder plus d'une certaine quantité de blé fixée par la loi.

Il y avait aussi à Athènes des lois qui réglementaient certains commerces. On ne permettait pas aux marchands de poissons de mettre leur marchandise dans l'eau pour la rendre plus vendable, et lorsque, après avoir fait un prix, ils la vendaient moins cher, ils couraient le risque d'être emprisonnés. Ceux qui vendaient des sceaux, ne pouvait conserver l'empreinte d'un cachet une fois qu'il avait été vendu.

Il y avait aussi des lois générales sur les professions industrielles. Un citoyen ne devait pas en exercer deux. Il n'était pas permis à un étranger de vendre des marchandises sur le marché, ni de faire aucun commerce. Celui qui obtenait une grande réputation et était estimé le plus habile dans sa profession, pouvait recevoir une marque d'honneur. Tout citoyen pouvait porter une accusation de calomnie contre celui qui tenait des propos injurieux ou nuisibles à quelqu'un, à propos de son commerce. A Athènes, le vol était puni par l'amende, l'emprisonnement ou la mort, selon la nature du délit; mais à Sparte, le vol n'était puni que lorsque le voleur était pris sur le fait. Quiconque vivait dans la paresse, gaspillait la fortune de ses pères ou refusait de soutenir ses parents dans le besoin, était déclaré infâme. Mais si le père avait négligé de donner à son fils quelque industrie, le fils n'était pas obligé de soutenir son père, bien que celui-ci fût dans le besoin. Les membres de l'aréopage devaient s'enquérir des moyens d'existence de chacun, règle que l'on suppose avoir été empruntée à l'Égypte.

Athènes avait plusieurs cours de justice. Dans la plupart, les juges étaient pris parmi les citoyens, par série, et leur nombre pouvait varier de cinquante à deux mille. Lorsque les juges étaient aussi nombreux, il arrivait nécessairement que plusieurs d'entre eux n'étaient pas aptes à remplir cette mission. Tout citoyen était éligible aux fonctions de juge; on lui payait une certaine somme par chaque cause qu'il jugeait. Il résultait souvent, de ce grand nombre de juges et de leur changement à chaque procès, que la jurisprudence n'avait rien d'uniforme, et que les dispositions strictes de la loi n'étaient pas toujours observées. C'est ce qui nous explique comment Aristote, dans sa rhétorique, se permet de donner aux jeunes plaideurs le conseil suivant : — « Si la loi est pour vous, vous devez en soutenir la sainteté. Vous exposerez que la seule différence entre une nation sauvage et une nation civilisée, c'est que la première a des lois et que la seconde n'en a pas. A quoi bon, vous écrierez-vous, que nous ayons des lois, si elles ne sont pas observées? Si au contraire, ajoute-t-il, la loi est contre vous, dites alors que la loi est de pure convention, que ce qui est une loi dans un pays ne l'est pas dans un autre, que ce qui est une loi un jour ne l'est plus le lendemain, et vous ajouterez en conséquence que nous devons toujours être guidés par les principes d'équité, qui, étant naturels et universels, sont supérieurs à la loi. »

A Athènes, les parties pouvaient plaider leur propre cause ou se servir d'avocats. Lorsqu'on employait des avocats, il leur était accordé un certain laps de temps pour parler, selon l'importance de la cause. On donnait à chaque avocat, pour lui mesurer le temps, une égale quantité d'eau. Lorsque le premier commençait à parler, l'eau commençait à couler à travers un vase semblable à un sablier ; et lorsque l'eau cessait de couler, l'avocat devait cesser de parler.

La plus haute cour d'Athènes était l'aréopage. Les archontes ou principaux magistrats devenaient juges en cette cour, après que leur année de fonction était expirée. Les assemblées étaient tenues en plein air, par deux raisons : d'abord on tenait pour illicite que le criminel et l'accusateur fussent sous le même toit ; ensuite on croyait empêcher ainsi que les juges, dont la personne était regardée comme sacrée, ne contractassent aucune souillure en s'entretenant avec des hommes mauvais et pervers. Ce tribunal entendait et jugeait toutes les causes, la nuit et dans l'obscurité, afin qu'il ne pût être influencé en faveur de l'accusé ni de l'accusateur, et que personne ne pût connaître le nombre ou la contenance des juges. Il connaissait de presque tous les crimes, vices et abus. Toutes les matières qui avaient rapport à la religion étaient renvoyées devant lui. Vous vous souvenez que l'apôtre saint Paul y fut conduit, accusé d'avoir annoncé des dieux étrangers. La réputation de cette cour fut si grande, à certaine époque, que même les États étrangers soumettaient volontiers leurs différends à sa décision.

3° Le commerce est favorisé par l'établissement des villes.

Nous pouvons nous faire une idée assez juste du degré de civilisation et de connaissance d'un pays, par la population de ses villes. Des hommes dispersés sur une grande étendue de pays n'ont pas les mêmes moyens d'améliorer leur condition que lorsqu'ils sont réunis dans un plus petit espace. Dans les villes, il existe une plus grande division du travail, et par conséquent chaque branche d'industrie tend à se perfectionner. Ensuite, beaucoup d'individus suivent la même carrière : de là rivalité perpétuelle, qui tend également au progrès; puis les villes offrent encore les avantages de ces associations formées pour tant de buts divers, et ces mille moyens d'acquérir les connaissances littéraires et autres, qui éclairent les populations et perfectionnent les arts.

Le commerce contribue à la fondation des villes. Le point où se font les exportations et importations devient bientôt un centre de population. De même on choisit pour élever des manufactures un emplacement où puissent s'agglomérer promptement un grand nombre d'ouvriers. Les salaires élevés, dont on rétribue le travail dans les villes, engagent les ouvriers à quitter les campagnes pour ces centres favorisés; et comme c'est là que les arts et les sciences arrivent à leur perfection, c'est là aussi que se pressent ceux qui désirent les étudier. Les jeunes gens qui commencent à travailler s'y rendent également, parce que les travaux y sont mieux payés et sont l'objet d'une demande plus régulière et plus constante. De là vient que lorsque le commerce d'une ville augmente, sa population augmente en proportion, — la demande du travail y est plus grande et ses produits de toute espèce plus abondants.

Nous trouvons généralement les villes commerçantes sur les bords de la mer ou des fleuves. Lorsque la source du fleuve est dans la même contrée que son embouchure, c'est généralement à l'endroit où le fleuve cesse d'être navigable aux grands vaisseaux que l'on bâtit une ville. Telle est la position de Londres et de Waterford. Si la ville se trouvait plus près de l'embouchure, une grande partie des avantages du fleuve serait perdue; et si elle était au contraire bâtie plus près de sa source, les grands vaisseaux ne pourraient s'approcher, et ils seraient obligés de décharger leurs marchandises dans des barques pour être envoyées dans la ville.

Les villes de la Grèce ne furent point construites en vue

3

du commerce. Plusieurs d'entre elles furent bâties à une certaine distance de la mer pour éviter d'être surprises par les pirates qui visitaient les côtes. Les principales villes commerçantes étaient : Athènes, Corinthe, Syracuse, et les capitales des île de Crète et de Rhodes.

Athènes, capitale de l'Attique, était à environ deux milles de la mer, mais elle avait des murailles fortifiées allant de la ville à la mer, qui assuraient sa libre communication avec son port. Le sol de l'Attique était stérile, mais Athènes devint commerçante grâce à sa flotte, à ses manufactures et à sa puissance sur quelques-uns des autres États de la Grèce. Athènes, à l'apogée de sa gloire, était une des plus grandes et des plus belles villes de la Grèce ; elle avait près de vingt-deux milles de circonférence. La citadelle était bâtie sur un roc élevé au milieu de la plaine ; mais à mesure que la population augmenta, les habitations s'étendirent dans la plaine que l'on appela la ville basse. Chaque ville grecque avait son temple, son théâtre, son gymnase et son forum ou place de marché. A Athènes tous ces monuments étaient nombreux. Un gymnase était un vaste édifice se composant de plusieurs parties et pouvant contenir plusieurs milliers d'individus. Il renfermait l'espace nécessaire aux exercices de la jeunesse, de vastes salles où les philosophes faisaient leurs leçons, des bains où venaient se rafraîchir les citoyens, le tout entouré d'un jardin et d'un bosquet sacré. Athènes avait aussi des édifices où s'assemblaient les commerçants pour délibérer sur les matières relatives à leur négoce. Enfin et pour prouver que le commerce n'était pas regardé comme un emploi intime, je vous dirai qu'il est prouvé que Solon s'occupa de négoce, et que Platon vendit de l'huile d'olive en Egypte.

Corinthe dut son commerce à sa situation. Elle était bâtie sur l'isthme de Corinthe, et comme alors l'art de la navigation était fort arriéré, les marins préféraient débar-

quer leurs marchandises sur les bords de l'isthme et les
passer par terre de l'autre côté, plutôt que de naviguer
autour de la péninsule. Corinthe devint célèbre par ses
produits manufacturés, tels que les ouvrages métalliques
et la poterie. Elle fut aussi célèbre par sa richesse et ses
progrès dans les arts. Elle dut entièrement sa grandeur
au commerce. Athènes était la capitale du principal État
de la Grèce confédérée ; c'était le rendez-vous du monde
élégant, c'était l'école de la science, le lieu choisi comme
résidence par les gens riches, et de plus elle tirait des revenus de plusieurs États tributaires. Corinthe n'avait
aucun de ces avantages ; c'était au commerce, au commerce seul qu'elle devait sa grandeur. Et pourtant, par
la splendeur de ses édifices, par la richesse et le luxe de
ses citoyens, c'était une des villes les plus considérables
de la Grèce. Le bel ordre d'architecture qui porte son
nom y fut inventé, et nous pouvons le considérer comme
un exemple frappant de l'influence que le commerce a
sur les beaux-arts. Il est vrai que là, comme à Athènes,
les beaux-arts étaient associés à un grand relâchement
de mœurs. Mais si nous devions abandonner les beaux-
arts parce qu'ils ont contribué à la volupté, nous devrions
exiger avec une égale justice qu'ou renonçât aux sciences
physiques et abstraites parce qu'elles ont été cultivées
par les païens. L'apôtre saint Paul adressa à l'église
chrétienne de Corinthe deux épîtres dans lesquelles il
fait allusion aux exercices pratiqués dans les jeux de
l'isthme, qui se célébraient tous les trois ans dans le voisinage immédiat de la ville.

Syracuse était la capitale de l'île de Sicile. Elle fut fondée
par une colonie venant de Corinthe. Les colons, à l'exemple de la mère-patrie, se livrèrent au commerce et avec
tant de succès que l'on regardait Syracuse comme rivali-
sant en richesse avec Carthage. Au moment de sa splendeur elle comptait vingt milles de circonférence ; elle était

remarquable par un port commode, des bâtiments élégants et de magnifiques édifices publics. Elle conserva long-temps sa puissance comme État indépendant et résista aux attaques des Carthaginois et des Athéniens, mais elle fut finalement prise par les Romains, après avoir soutenu un siége de trois ans grâce aux inventions d'Archimède.

L'île de Crète, la plus grande des îles de la Grèce, passe pour avoir contenu cent villes. Elle jouit pendant un certain temps d'un pouvoir maritime considérable, qu'elle ne put conserver. Les écrivains sacrés et profanes s'accordent à dire que les Crétois étaient tous des menteurs, et vers les derniers temps leur conduite contribua pour beaucoup à la mauvaise renommée de la Grèce.

Rhodes était remarquable par la salubrité de son climat et l'excellence de ses vins. Elle était célèbre par son colosse d'airain qui enjambait son port, de manière que les plus grands vaisseaux pouvaient passer entre ses jambes; il avait 70 coudées ou 105 pieds de haut. On estime qu'il pesait 720,000 l. bs. d'airain. Il fut renversé après 85 ans par un tremblement de terre.

4° Le commerce est favorisé par l'établissement de marchés et de foires.

Une foire est un grand marché, et un marché une petite foire. Le mot anglais *fair* dérive du mot français foire, qui à son tour dérive du mot latin *forum*, qui signifie marché; — le mot anglais *market* vient du mot latin *mercatus* et a la même dérivation que mercantile. Les marchés se tiennent plus souvent que les foires et ont principalement pour but la vente des produits des environs. A Athènes, les forums ou places de marché étaient nombreuses. L'ancienne place ou place principale était un vaste carré où le peuple avait coutume de s'assembler et où l'on trouvait toutes sortes de marchandises exposées pour la vente. Des percepteurs étaient de service dans le forum pour recevoir les impôts placés sur tout ce qui était vendu, et des magistrats, pour surveiller ce qui se passait. Chaque commerce avait un marché distinct, tel que le marché des boulangers, le marché au poisson, à l'huile, etc., et il était fixé certaines heures pour la vente de toutes les marchandises. Comme c'était l'endroit le plus fréquenté de la ville, les industriels de toute espèce cherchaient à y demeurer, et les maisons s'y louaient plus cher qu'ailleurs. Les Scythes, que la république avait conservés à sa solde, pour maintenir l'ordre, campaient au milieu du forum.

Pendant les premiers âges du monde, presque tout le commerce entre les nations et même entre les provinces d'une même nation se faisait dans les foires périodiques. La fondation d'une ville était presque toujours célébrée par l'institution d'une fête ; et comme la ville était le plus souvent consacrée à quelque divinité, cette fête était considérée comme religieuse. Toutes les fois qu'un grand nombre d'individus se réunissent, il en résulte nécessairement un mouvement d'affaires. Les marchands s'occupaient alors de s'approvisionner des articles demandés par ce concours de monde, et c'est ainsi que ces époques de fêtes devinrent des époques périodiques d'affaires. Alors tous les marchands étaient détaillants. Un marchand se rendait à une foire éloignée et achetait des marchandises qu'il portait à une autre foire où elles étaient demandées, et les vendait à ceux qui pouvaient les consommer. Le marchand qui importait et le détaillant n'étaient qu'une seule personne. Ce ne fut que lorsque les nations se civilisèrent et s'enrichirent que les affaires de détail furent considérées comme une branche à part de commerce. Acheter en une seule fois une grande provision de marchandises pour les vendre en petite quantité, selon qu'elles sont demandées, est un genre d'affaires qui ne peut être fait que dans un pays populeux et bien constitué. Il y a seulement quelques siècles, même en Angleterre, que lorsqu'on avait besoin d'une pièce de drap ou de soie, on devait attendre jusqu'à la-foire prochaine; à présent les boutiquiers peuvent fournir au public et de suite, beaucoup plus de marchandises qu'on n'en trouvait autrefois dans les foires. Des foires annuelles ont pourtant toujours lieu dans quelques endroits, principalement pour la vente du bétail et des produits agricoles.

Ce fut le soin de tous les législateurs de l'antiquité d'établir des marchés et des foires. Moïse exigea que tous les hommes d'Israël parussent trois fois par an à Jérusalem. Bien que cette ordonnance eût principalement en vue de conserver dans l'âme des peuples un sentiment religieux, elle renfermait encore une autre pensée, celle de faciliter le commerce et les relations intérieures. Ces fêtes religieuses étaient des fêtes publiques, et nous voyons par l'histoire du Nouveau Testament que l'on négociait quelquefois dans le temple même. A ce propos nous citerons Michaëlis dans ses Commentaires sur les lois de Moïse.

« Lorsque nous parlons de commerce, nous devons distinguer le commerce intérieur, celui qui se fait entre les habitants d'un même pays, et celui qui a lieu de nation à nation, principalement par mer. Pour le premier dont aucun pays ne se peut dispenser sans de grands désavantages, il y était pourvu par les trois fêtes à la célébration desquelles les Israélites étaient convoqués trois fois par an. De semblables réunions, instituées dans des vues religieuses, ont généralement été utiles en même temps au commerce. Nos *messen* (foires) tirent leur nom de *missæ* (messes) qui sont chantées pendant certaines saisons de l'année et auxquelles se rendirent, lors des temps catholiques, les individus de tous les pays. Comme ces individus pouvaient être en même temps des acheteurs, il y vint tout naturellement des commerçants vendre leurs marchandises, et c'est de cette époque que datent les foires annuelles. Ce fut ainsi que les pèlerinages de la Mecque donnèrent une vive impulsion au commerce de l'Arabie. Il faut remarquer que, bien que dans les institutions de Möïse les intérêts du commerce fussent indirectement consultés, c'était de manière à ce qu'il ne devînt pas une profession distincte, mais seulement une occupation pour les semaines de loisir que laissent les travaux de l'agriculture. Ainsi la fête de Pâques précédait la moisson, que suivait la fête de la Pentecôte, puis venait la fête des Tabernacles à la fin des vendanges. »

Ce fut de la même manière que des fêtes publiques furent instituées dans toutes les]villes de la Grèce. Chaque ville avait ses fêtes, de même que les paroisses dans certaines parties de l'Angleterre ont leurs fêtes et leurs veillées. Chaque État avait les siennes en l'honneur de son fondateur ou en souvenir d'événements importants. Outre ces fêtes locales, il y en avait d'autres communes à tous les Grecs. C'étaient les jeux Olympiques célébrés tous les quatre ans à Olympie, les jeux Pythiens célébrés tous les cinq ans à Delphes, en l'honneur d'Apollon, les jeux Néméens célébrés tous les trois ans à Némée, et les jeux Isthmiens qui se célébraient tous les trois ans auprès de Corinthe.

Ces jeux produisaient de bons résultats. — 1° Ils satisfaisaient aux sentiments de sociabilité. On y voyait des joûtes entre des lutteurs, des coureurs, des boxeurs, puis des courses de chevaux et de chars, et quelquefois des régates. Là souvent aussi les philosophes qui avaient écrit quelques ouvrages les lisaient aux assistants, car l'art de l'imprimerie étant inconnu, la parole était le moyen le plus efficace de répandre quelques connaissances parmi le peuple. — 2° Ces fêtes étant toutes consacrées aux divinités et accompagnées de sacrifices, servaient à entretenir dans l'âme du peuple des sentiments de religion. Et ce dut être là le principal motif qui porta tous les législateurs de l'antiquité à établir des temps de réjouissance, car il semble qu'ils aient tous compris que les sentiments religieux sont indispensables à l'existence d'une société civile. — 3° Elles protégeaient le commerce. C'était là que commerçants et fabricants apportaient leurs marchandises et que les acheteurs se donnaient rendez-vous.

Tout conviait les Grecs à se rendre à ces solennités publiques. Les hommes pieux allaient rendre hommage aux dieux immortels ; les hommes de lettres et de science s'y rendaient pour s'y entretenir avec les philosophes, et écouter leurs leçons ; les hommes de plaisir, pour voir courir les chevaux et les chars, y admirer les lutteurs et les exhibitions théâtrales. Les hommes d'affaires s'y portaient en foule pour acheter, vendre et réaliser quelque bénéfice. Tandis que dans les temples les plus splendides la religion recevait les précieuses offrandes des peuples qui accouraient pour lui rendre hommage, dans les jardins de la science, sous le ciel le plus pur et le plus serein qui ait jamais apaisé les cœurs, ou élevé la pensée, les philosophes répandaient dans l'âme de leurs auditeurs les instructions que leur avaient fournies leurs voyages ou leurs réflexions. Et plus loin le plaisir, sous différentes formes, égayait les sens et adoucissait les manières des hommes voués à sa poursuite.

Pendant le moyen âge, l'établissement des foires fut la prérogative des rois ; tous les marchands qui tenaient une foire sans y être autorisés par un privilége était passibles d'une amende. Ce privilége était généralement accordé à une ville érigée en corporation, à un noble en faveur, ou à un établissement religieux. Les personnes qui fréquentaient les foires ne pouvaient être arrêtées pour dettes, ni pendant la durée de la foire, ni pendant l'aller et le retour. Ceux à qui ce privilége était accordé étaient généralement autorisés à percevoir des péages ou droits sur les marchandises qui y étaient vendues. Les foires étaient souvent regardées comme consacrées à quelque saint particulier. La seule foire de ce genre, qui nous reste à Londres, est dédiée à saint Bartholomé.

Dès qu'un marché s'établit, les magistrats y appliquent les règlements sur les poids et mesures. La plupart des mesures de longueur paraissent dériver des parties du corps humain. Ainsi le travail du charpentier est mesuré par le *pied* [1]. Nous disons qu'un cheval est haut de tant de *mains*. En mesurant la toile, nous avons le *nail* (ongle), la seizième partie du *yard* [2]; l'*aune* qui représente le bras ; le *yard* est la moitié d'une brasse. Quand une personne ouvre les deux bras, la distance du doigt du milieu d'une main au doigt du milieu de l'autre main, est appelée une brasse, et la moitié un yard ; une *coudée* (cubit) est la distance du coude au doigt, le mot *cubit* veut dire coude. Le yard actuel contenant 36 pouces a été fixé par Henri Ier, qui le détermina d'après la longueur de son bras. Le *pas* est une autre mesure signifiant la distance que nous pouvons franchir en portant une jambe en avant. Pour les mesures anciennes, nous ne savons rien du rapport qui existait entre les mesures de longueur, de poids et de capacité. Ce rapport a été fixé chez nous par l'acte du Parlement établissant la *mesure royale*. Un pied cube d'eau distillée contient mille onces *avoir-du-poids*, et seize de ces onces font une livre [3]. Si donc tous nos poids d'une livre venaient à être perdus, et que l'étalon s'égarât, nous pourrions facilement en préciser le juste poids en remplissant d'eau un vase cubique, et en en prenant les seize millièmes, qui seront la livre.

D'après le même acte, la mesure du *gallon* [4] doit con-

[1] Le pied anglais = 0, 30.479 de mètre.
[2] Le yard   = 0, 91.400   id.
[3] La livre anglaise, *avoir-du-poids* = 453 gr. 414 milligr.
   La livre de   *troy*   = 373   095   id.
[4] Le gallon = 4 litres 54,345 centmillièmes.

3.

tenir dix livres d'eau distillée ou eau de pluie ; de telle façon que si le *gallon* venait à être perdu, nous pourrions déterminer le gallon type en pesant dix livres d'eau, et le vase qui contiendrait exactement cette quantité d'eau serait un gallon. Ainsi tous nos poids et mesures dépendent des mesures linéaires ; le pied mesure la livre, la livre mesure le gallon.

Il est de la plus grande importance que les poids et mesures soient uniformes dans un même pays, et que ce qui est vendu au poids dans une partie du royaume ne soit pas vendu à la mesure dans une autre partie. Le blé est vendu au poids en Irlande et à la mesure en Angleterre. Un baril de froment en Irlande n'exprime pas la quantité de froment qui remplirait un baril, mais un poids de vingt *stones* ayant 14 livres à la *stone*. Un baril d'orge est de seize stones et un baril d'avoine de quatorze.

5° Le commerce est favorisé par les institutions qui facilitent la circulation du numéraire.

Deux institutions ont cet objet : l'Hôtel des Monnaies et la Banque.

Dans ma précédente leçon, je vous ai dit que les Égyptiens se servaient comme numéraire d'or et d'argent en lingots ; mais les Grecs connurent de très-bonne heure l'art de frapper les monnaies. Dans toute les nations, ce fut une des prérogatives des gouvernements de battre monnaie, et chacun adopta une devise particulière. Les rois ont généralement placé leur effigie d'un côté de la pièce et de l'autre les emblèmes nationaux. A peu d'exceptions près, la pièce de monnaie de presque toutes les nations est de forme circulaire.

Si on nous demandait de faire un tableau des monnaies de la Grèce, nous dirions que :

6 oboles faisaient un drachme,
103 drachmes une mine,
60 mines un talent.

L'obole était une pièce d'argent valant environ trois demi-pence [1] de notre monnaie ; la demi-obole toujours en argent représentait la valeur de trois farthings. Il y avait aussi d'autres pièces d'argent de 2, 3, 4, 5 oboles. Venait alors le drachme, de la valeur de 6 oboles ou environ 9 pence de notre monnaie, et ensuite des pièces de 2 ou 4 drachmes, le tout en argent. Quoique Athènes renfermât des mines de cuivre, les Athéniens paraissent avoir eu grande aversion pour employer ce métal à la fabrication de leurs monnaies. Ainsi pour exprimer leurs plus petites valeurs, ils frappaient des pièces d'argent d'une si petite dimension qu'elles ressemblaient, dit-on, à des écailles de poisson. Plus tard, ils se décidèrent à se servir du cuivre ; mais l'orateur qui fit adopter cette mesure finit par être surnommé « l'Homme d'Airain. » La plus petite monnaie de cuivre était le huitième d'une obole et valait les 3/4 d'un farthing.

L'or n'était pas abondant en Grèce, aussi les monnaies d'or n'y étaient-elles pas nombreuses. La principale, si ce n'est l'unique, était la pièce de 2 drachmes, appelée un stater, d'une valeur de 20 drachmes d'argent et répondant à 15 schillings de notre monnaie [2].

A Athènes les pièces de monnaie représentaient d'un côté l'image de Minerve, et de l'autre un hibou, oiseau qui lui était consacré. Mais les monnaies des divers Etats et de diverses époques différaient tellement les unes des autres, que les savants, qui se sont occupés des monnaies de la Grèce, ont été conduits aux plus étranges erreurs.

Il faut remarquer que, sur un ou deux points, le système monétaire de la Grèce ressemblait à celui de l'Angleterre. A une certaine époque, toutes nos monnaies

---

[1] Penny, au pluriel pence, 1 penny = 10 centimes environ. Le *farthing* est le quart du penny.

[2] Le schilling qui vaut 12 pence = 1 fr. 25 cent. environ.

étaient en argent ; on ne monnaya pas l'or avant l'année 1344, et le cuivre avant 1609 : et pour représenter les plus petites valeurs, le penny d'argent était coupé en moitiés et en quartiers appelés half-pennys et fourthings ou farthings. Cette coutume fut prohibée lorsqu'on monnaya le cuivre ; et alors les petits jetons de plomb précédemment mis en circulation par les particuliers furent supprimés.

Les Grecs n'avaient pas de pièce de monnaie pour représenter la mine (3 l. 15 s. [1]) ; il en était de même pour le talent (225 l.). C'étaient des monnaies de compte, comme nos livres sterling ; nous nous servions du mot plusieurs siècles avant que nous eussions une pièce de monnaie valant une livre.

Les institutions de banque ne peuvent prospérer dans un pays où la propriété n'est pas suffisamment protégée, soit que ce manque de sécurité provienne de la tyrannie des gouvernements, de la turbulence des peuples ou des invasions étrangères. Dans les pays orientaux, où la possession de la richesse excitait la rapacité du gouvernement, on cachait ses trésors dans la terre ; et c'est ce qui nous explique comment, dans l'Ecriture sainte, il est mention de « trésors cachés dans les champs. » En Europe, sous le système féodal, on dissimulait sa fortune par le même moyen qui n'était pas sans danger ; car tous les trésors cachés appartenaient au roi, quand ils venaient à être découverts. Dans les premiers temps de la Grèce, la propriété n'était nullement protégée, à cause de la turbulence des peuples et des invasions perpétuelles des pays voisins. Dans cet état de choses, on se servait des temples comme de maisons de banque. Les gens qui avaient amassé quelque argent le plaçaient chez les prêtres, et la sainteté du lieu le préservait de toute

---

[1] La livre sterling = 25 fr. environ.

violation. Les ennemis eux-mêmes ne se seraient pas emparés de ce trésor, car ils eussent craint la vengeance du dieu à qui le temple était consacré.

Mais si les temples ont ainsi rempli une des fonctions des banques comme lieux sûrs pour y déposer des trésors, ils ne les remplaçaient pas à d'autres égards ; et dès que la société devint plus civilisée, tout l'ensemble des opérations de banque passa dans les mains des citoyens. Les opérations de banque de l'Orient nous sont indiquées par ces paroles de la Bible adressées au serviteur paresseux, qui avait caché un talent dans la terre, selon la coutume du pays, au lieu de le placer chez un banquier : — « Tu aurais dû placer mon argent chez un banquier ; et à mon retour je l'aurais reçu et avec usure. » — Ces banquiers étaient des changeurs, tour à tour emprunteurs et prêteurs. Ils échangeaient de petites pièces de monnaie pour de plus grandes, et l'argent de leur pays contre celui des pays étrangers. Ils empruntaient également. Ils recevaient et payaient pour compte d'autrui, comme de nos jours les banquiers tiennent des comptes courants avec leurs clients. Ils se chargeaient aussi de faire valoir de fortes sommes, « des talents, » sur lesquelles ils accordaient un intérêt, « l'usure. » A Athènes, le taux était généralement de 12 % par année, ou plutôt de 1 % par lune. Les personnes qui devaient entreprendre des voyages plaçaient généralement ce qu'elles avaient d'argent chez leur banquier, pour le recevoir à leur retour augmenté des intérêts. Dans la plupart de ces opérations, on ne prenait pas de témoins, et il pouvait se faire qu'un banquier niât avoir reçu l'argent ; mais si cette circonstance se renouvelait, il perdait la confiance publique. Ces banquiers étaient aussi des prêteurs ; sans cela, ils n'auraient trouvé aucun emploi pour l'argent qu'ils empruntaient. Les affaires d'un banquier consistent à emprunter d'une part et à prêter de l'autre, et la différence entre le taux de l'intérêt qu'il donne et celui qu'il reçoit constitue son bénéfice. Les banquiers grecs ne prêtaient pas en escomptant les lettres de change, puisqu'elles n'existaient pas, mais ils prêtaient sur des garanties personnelles aux personnes qui s'occupaient de négoce ou qui avaient besoin d'argent pour d'autres raisons. Ils prêtaient souvent à des négociants qui chargeaient des cargaisons pour des ports étrangers. Quelquefois le banquier envoyait une personne sur le vaisseau, à laquelle on remboursait le prêt une fois la cargaison vendue. D'autrefois, le banquier attendait le paiement jusqu'au retour du vaisseau ; et comme alors il partageait le risque du voyage, le taux de l'intérêt qui lui était alloué s'élevait souvent jusqu'à 30 %. Mais, bien qu'un banquier pût prêter à un marchand pour acheter une cargaison, ni lui, ni aucun autre citoyen n'avait le droit d'envoyer de l'argent à l'étranger, si ce n'est pour l'échanger contre du blé ou toute autre denrée autorisée par la loi. Celui qui laissait sciemment son argent recevoir un autre emploi devait être poursuivi lui-même pour n'avoir opposé aucun obstacle légal à ses emprunteurs, et les archontes devaient lui défendre d'intenter aucun procès dans les cours judiciaires.

Il n'y avait pas Athènes de loi sur l'usure. Un banquier pouvait s'allouer le taux d'intérêt qui lui plaisait ; mais une fois qu'il était convenu, il ne pouvait en demander un plus élevé. Les particuliers eux-mêmes faisaient souvent l'usure. La faillite d'un banquier causait toujours une grande sensation, et il lui arrivait d'être réduit à se cacher pour échapper à l'indignation populaire. Plus tard, nous voyons en Italie les mêmes faits soulever les mêmes sentiments. Vous savez, du reste, que le mot *banqueroute* vient de la coutume de casser les bancs ou siéges qu'occupaient à la Bourse les banquiers italiens qui ne pouvaient remplir leurs engagements.

J'espère vous avoir suffisamment démontré que les principes commerciaux que nous a fournis l'histoire de la Grèce sont bien ceux-ci. Le commerce est favorisé par la garantie de la propriété individuelle, par l'administration impartiale de la justice, par la création des villes, l'établissement des marchés et des foires, et par les institutions qui facilitent la circulation du numéraire.

Nous nous occuperons maintenant du caractère commercial des Grecs.

1° Les Grecs étaient superstitieux. « Je m'aperçois, disait saint Paul aux Athéniens, que vous autres, citoyens d'Athènes, vous êtes en toutes choses trop superstitieux. » Et à cette époque, la ville était « entièrement adonnée à l'idolâtrie. » Un négociant ne doit pas être superstitieux ; il ne doit pas être dévot, ni permettre que l'observance des cérémonies religieuses mette obstacle aux devoirs de son comptoir. Mais il doit toujours se souvenir de cette puissance suprême qui « donne à tout et la vie et le souffle, qui a fait du même sang toutes les nations du globe, qui nous donne la rosée du ciel, les fertiles saisons, et remplit nos cœurs de joie ; qui commande aux vents qui lui obéissent, et qui nous met à même d'acquérir des richesses. » Quand un négociant grec était sur le point d'entreprendre un voyage, il se rendait, soit au temple de Minerve, Neptune, Mercure, ou toute autre divinité qu'il présumait veiller particulièrement sur sa profession, et implorait sa bénédiction. Puis, à son retour, il apportait une partie de son bénéfice, en sacrifice d'actions de grâces, sur l'autel de la divinité dont il avait invoqué l'assistance. Athènes, qui devait sa grandeur à sa flotte, et Corinthe, qui avait acquis toutes ses richesses par ses manufactures, étaient remaquables par le nombre de leurs temples. Une partie des richesses acquises par le commerce était ainsi consacrée au service de la religion. Négociants chrétiens, manufacturiers, armateurs de nos jours, allez à Athènes, à Corinthe ou dans tout autre port de la Grèce, et, au milieu des rnines de leurs temples élevés par le commerce de l'antiquité, voyez si vous ne trouvez pas d'enseignements à votre usage. Leur religion était toute de superstition, sans moralité aucune ; aussi serez-vous encore plus condamnables, si, avec une foi plus éclairée, une morale plus pure, vous montrez moins de piété !

2° On a accusé les Grecs d'avoir été peu soucieux de leurs serments. Les habitants de tous les États ont été sujets à cette accusation. Lorsqu'un Grec comparaissait comme témoin dans une cour romaine, sa déposition étaient reçue avec méfiance, et il est présumable, que s'ils faisaient si peu de cas de leurs serments, ils attachaient encore moins d'importance à leur parole. Il n'est pas de plus grand défaut pour un commerçant. Si un négociant désire conserver son honorabilité, il doit remplir ponctuellement tous ses engagements, toutes ses promesses. Qu'il ne dise pas que le cas dans lequel il a failli n'était d'aucune importance ; soyez sûr, au contraire, qu'il en avait une grande. Quelque insignifiante que soit la chose par elle-même, votre promesse de la remplir lui donne de l'importance. Il importe pour votre réputation que vous teniez votre parole. Si vous y manquez dans les choses de peu d'importance, vous arriverez à agir de même dans des cas sérieux. « Qui est infidèle pour peu, l'est bientôt pour beaucoup. »

3° Les Grecs étaient très-processifs. Les hommes d'une puissante imagination et d'un génie très-subtil, sont enclins à devenir processifs ; leur imagination égare leur jugement, et leur subtilité trouve des arguments pour soutenir leurs opinions erronées. Il n'y a pas de professions plus respectables, pas de plus essentielles à l'existence de la société civile, que celles qui ont la justice pour objet ; mais le penchant aux procès dénote un jugement faux et un cœur dépravé. Il vaut beaucoup mieux pour un négociant n'avoir aucun rapport avec les hommes de loi ; car quelque prudent qu'il soit, il peut arriver telle chose qui l'entraîne dans un procès, et gagnât-il sa cause, le succès ne compensera pas l'anxiété et le retard qu'il a occasionnés. « La loi, » dit M. Stéphens « est comme une nouvelle mode, tout le monde est ravi de la suivre. Mais elle est aussi comme une averse, tout le monde est bien aise de l'éviter. » Un des mauvais résultats de ce goût pour les procès est de nous faire prendre la loi humaine comme type de morale. C'est une grande erreur. La loi sanctionnait la traite des esclaves africains, elle ne la rendait pas moins odieuse. La loi vous autorise à donner à vos ouvriers les gages qu'ils consentent à accepter et à les employer autant d'heures par jour qu'ils veulent bien travailler ; mais si vous tirez avantage de leurs besoins pour les soumettre à de dures conditions, vous serez moralement coupable. Si vous avez fait banqueroute et que vous ayez obtenu votre concordat, la loi n'autorisera pas vos créanciers à exiger le payement de vos dettes ; mais néanmoins vous êtes tenu moralement de les payer si vous en avez le pouvoir. Gardez-vous de croire que ce qui n'est pas illégal, n'est pas par là même raison immoral. Il y a beaucoup de vices et de crimes que les lois humaines ne peuvent atteindre. Vous pouvez même en diverses occasions agir injustement et d'une manière déshonorante, sans violer la lettre de la loi. Vous devez donc apprendre à distinguer la loi de la justice et à ne pas tirer avantage des arguties légales, soit pour appuyer des prétentions auxquelles vous n'avez nul droit, soit pour vous décharger de responsabilités que vous avez justement encourues.

4º Les Grecs avaient très-peu l'habitude des affaires. Nous lisons dans les Actes des apôtres : « Qu'à Athènes tous les citoyens et les étrangers passaient leur temps à raconter ou à écouter quelque nouvelle anecdote. » Un débitant de nouvelles est rarement un bon homme d'affaires. L'habitude du travail renferme à elle seule bien des qualités. — L'industrie, l'ordre, le calcul, la prudence, la ponctualité et la persévérance ; et ce n'est pas à l'impulsion de quelques motifs accidentels que l'on doit de pratiquer ces vertus, ce n'est qu'à l'habitude. Si vous entendez un homme se vanter d'être travailleur, vous pouvez sûrement en conclure qu'il n'a pas l'habitude du travail ; car ce qu'un homme fait par habitude, il le fait mécaniquement, sans penser au mérite de ses actions, quelque méritoires qu'elles puissent être. Les Grecs étaient curieux et actifs, capables de grands efforts alors qu'ils étaient stimulés énergiquement ; mais lorsque le stimulant n'existait plus, ils retombaient dans la frivolité. Ils étaient excentriques, capricieux, inconstants et ne possédaient nullement cette ferme égalité de caractère si nécessaire aux hommes d'affaires. Des personnes, qui aiment à établir des parallèles entre les nations anciennes et modernes, ont cru trouver une ressemblance entre les Égyptiens et les Espagnols, entre les Grecs et les Français, entre les Romains et les Anglais. Ces parrallèles peuvent avoir du vrai en quelques points ; dans d'autres ils sont complétement faux. Quoi qu'il en soit, il est certain que les habitudes du travail sont essentielles à un négociant. Elles le sont du reste à tous les hommes ; dans toute autre profession on en a besoin ; elles sont aussi nécessaires aux femmes qu'aux hommes, au gouvernement d'une famille qu'au gouvernement d'un établissement commercial. Plus sont grandes les facultés intellectuelles d'un individu, plus lui est nécessaire l'habitude du travail pour le maintenir dans le droit chemin. Plus il déploie de voiles, plus il a besoin de lest. Si nous examinons l'histoire de tous les hommes devenus illustres, comme chefs, législateurs, ou instituteurs de l'humanité, nous trouvons qu'ils se sont autant distingués par leurs habitudes de travail que par la supé-

-riorité de leur intelligence. Tandis que d'un autre côté nous pouvons voir, dans toutes les sciences, dans tous les sentiers de la vie, quelques jeunes hommes qui, doués de facultés remarquables, ont perdu leur avenir, et trompé les espérances de tous leurs amis faute d'habitude du travail. Ils ont débuté dans le monde avec un vif éclat, se sont attiré l'attention universelle ; puis tout à coup ils ont fait fausse route, et sont tombés dans l'oubli.

5° Les Grecs aimaient beaucoup le plaisir et avaient un grand nombre de jours de fête. Les nations de l'antiquité étaient surtout agricoles, et dans toutes les nations agricoles les jours de fête sont nombreux, à cause des intervalles nécessaires qui séparent les travaux des champs. A mesure que les nations devinrent commerçantes, le nombre des jours de fête diminua. Les opérations commerciales sont plus uniformément réparties sur la durée de l'année ; pour elles, le temps a la même valeur en toute saison ; aussi, par elles, la somme annuelle du travail humain s'est considérablement augmentée.

C'est un malheur pour une nation qu'elle ait trop de jours de fête. Ils occupent un temps qui pourrait être plus utilement employé, nuisent aux habitudes de travail, rendent ainsi le travail des jours ouvriers moins productifs et conduisent à des habitudes immorales. D'un autre côté le travail continuel tend à altérer les facultés du corps et de l'esprit. Des intervalles de récréation sont essentiels à la santé. Il est peut-être indispensable à la pleine conservation de nos forces qu'une partie du jour soit donnée aux distractions ou au moins à quelque exercice différent de ceux auxquels notre profession nous astreint. Celui qui emploie une portion de son temps à perfectionner ses facultés intellectuelles ou à étendre la somme de ses connaissances, alors même que ce qu'il apprend n'a aucun rapport immédiat avec sa profession, devra plus vraisemblablement y acquérir de la distinction, que celui qui émousse ses facultés par une succession de travaux monotones.

Les distractions d'un négociant doivent répondre à son caractère. Il ne doit jamais se livrer aux jeux de hasard, ni à d'autres jeux trop frivoles. Un juge n'est pas toujours au tribunal, ni un ecclésiastique en chaire, ni un négociant à son comptoir, mais il sied à chacun d'eux de s'abstenir des divertissements qui ne s'accorderaient pas avec l'esprit de sa profession. Le crédit d'un négociant ne dépend pas toujours de ses richesses, mais de l'opinion générale que l'on a de ses qualités personnelles ; et il doit cultiver sa réputation de prudence et de conduite comme une partie du capital qu'il apporte dans son commerce.

Il est un jour de fête qu'un négociant doit toujours observer, le jour du Sabbat.

Il est évident que le but de l'institution du Sabbat fut d'assurer un intervalle de repos, surtout aux classes les plus humbles de la société ; de changer le cours des idées et de conserver ainsi dans toute leur vigueur nos facultés morales ; de donner à l'homme le loisir de la réflexion, de le mettre à même de regarder au-dessus de lui, autour de lui, et en lui, d'examiner sa position et sa destinée ; et de lui fournir l'occasion d'accomplir ces devoirs de piété, de gratitude et de bienveillance qui lui incombent en sa qualité d'être moral et religieux.

On ne doit pas considérer le repos du dimanche comme diminuant la somme du travail annuel. En améliorant les habitudes, en donnant une nouvelle vigueur aux facultés morales, il augmente le produit annuel du travail des nations et des individus.

Le travail du dimanche n'augmente pas la richesse. Ce n'est pas celui qui « ajoute le dimanche à la semaine, » qui emploie ce jour saint à ses occupations ordinaires, ou au soin de ses livres, non ce n'est pas celui-là qui a pris le plus sûr chemin de la fortune. C'est au contraire celui qui, le jour du Seigneur, se donne tout entier à ces épanchements de l'âme qui la récréent. l'ennoblissent ; et c'est celui qui, accompagné de sa famille convenablement parée, se rend le matin dans le temple du Seigneur pour lui rendre hommage, et consacre le reste du jour à des œuvres de charité et de piété, ou à des délassements innocents en rapport avec la sainteté du jour, c'est celui-là qui, en améliorant ses facultés intellectuelles, morales et sociales, adopte le moyen le plus certain d'obtenir la richesse et les honneurs de ce monde.

Qu'ils se trompent grandement ceux qui s'imaginent plaider la cause du pauvre en essayant d'enlever à ce jour sa sanction religieuse ! Que les masses croient un seul instant que l'observance du dimanche n'est pas exigée par la religion, que c'est une simple affaire de convenance, — et les pauvres n'auront plus aucune garantie de repos. On trouvera bien vite des raisons fondées en apparence, sur notre pitié pour le malheureux, pour augmenter son travail. Que le dimanche ne soit plus considéré comme un jour de dévotion, mais uniquement comme un jour de plaisir, et il deviendra bientôt un jour de travail.

Si le dimanche venait à être aboli, le pauvre ne recevrait pas plus de salaire pour son travail de sept jours qu'il n'en reçoit maintenant pour six. La somme de son bien-être en serait diminuée; il n'aurait plus l'occasion ni de s'endimancher ni de cultiver quelques relations sociales qui tendent à son perfectionnement. Nous voyons encore ici, comme en bien d'autres circonstances, que la religion, tandis qu'elle est le guide et la consolation du riche, est, avant tout, l'amie et le soutien du pauvre.

6° Les Grecs étaient passés maîtres dans les connaissances humaines. Ils excellaient non-seulement dans ces œuvres qui dépendent du goût et de l'imagination, comme les beaux-arts, mais encore dans les sciences abstraites qui tiennent à d'autres facultés de l'intelligence, comme la logique et la géométrie. Dans quelques autres, ils étaient inférieurs aux modernes. C'est dans les dernières branches de la physique et surtout de la chimie qu'on peut constater leur infériorité. L'électricité et le galvanisme leur étaient entièrement inconnus. Ils savaient fort peu d'histoire naturelle, de botanique et de minéralogie ; en mathématiques, ils connaissaient l'algèbre et la géométrie, mais ils ignoraient les logarithmes et le calcul différentiel. Ils étaient également inférieurs aux modernes en astronomie, dans l'art de la navigation et dans les arts mécaniques. Quoique Archimède ait inventé des machines à l'aide desquelles il pouvait soulever un vaisseau hors de l'eau, les Grecs ignoraient tout à fait le pouvoir de la vapeur et paraissent n'avoir jamais appliqué la compression de l'air, la force du vent ou d'un courant d'eau à aucune de leurs machines. Les divers instruments de physique que nous possédons, tels que les télescopes, les microscopes et les baromètres, en dépit de leurs noms tirés du grec, sont d'invention moderne. Mais, quoiqu'ils ne connussent pas nos nouvelles découvertes, les Grecs ont montré dans les sciences qu'ils ont étudiées le plus haut degré de force intellectuelle. Rien ne démontre d'une manière plus évidente le pouvoir de l'intelligence que cette influence qu'ils possèdent encore de nos jours, après un intervalle de mille années. Les démonstrations d'Euclide ont toujours la même autorité dans nos écoles ; Aristote règle encore notre manière de penser et de raisonner ; Homère est toujours regardé comme le premier des poëtes, et Démosthènes comme le premier des orateurs ; tandis que nos architectes et nos sculpteurs ne sont pas les rivaux, mais seulement les imitateurs de ceux de la Grèce ancienne.

Il est indispensable qu'un négociant soit instruit. Les connaissances nécessaires à l'homme d'Etat le sont également au négociant. Pour entreprendre le commerce sur une grande échelle, il doit connaître les productions, de toutes les parties du monde ; il doit savoir où telle denrée se trouve en abondance, où manque telle autre, quelles sont les coutumes et les opinions de toutes les nations du globe, et quels effets peut produire l'adoption de telle mesure ou tel événement sur les diverses branches de commerce. La rapidité des communications est telle maintenant, que les événements qui se passent dans un pays lointain peuvent affecter le prix d'une denrée, fût-elle de production indigène. Le prix du whisky à Waterford, par exemple, peut se ressentir du résultat de la récolte du sucre dans les Indes occidentales, des moissons de la Russie, des vendanges du Portugal ou de la France. L'ignorance de ce qui se passe dans un autre pays occasionerait à un négociant des pertes sérieuses. Ce serait une mauvaise spéculation d'envoyer une cargaison de vins en Turquie, puisqu'il est défendu aux mahométans d'en boire. Quelque temps après la proclamation de l'indépendance des colonies de l'Amérique du sud, plusieurs négociants envoyèrent des machines pour exploiter les mines du Pérou ; mais ils connaissaient si peu le pays, qu'ils ne savaient pas qu'il n'existait pas de route conduisant aux mines, et que les habitants n'avaient pas de voitures à roues : il s'ensuivit que l'on laissa les machines à vapeur se rouiller sur le rivage. Un négociant en comestibles m'a affirmé que le prix du lard à Waterford se ressent du prix des choux à Londres. Le peuple anglais a l'habitude de manger le lard et les choux ensemble ; et lorsque la récolte des choux est abondante en Angleterre, la demande du lard d'Irlande augmente beaucoup.

Mais un négociant ne doit pas seulement avoir une connaissance étendue des faits ; il lui faut encore étudier et savoir les principes. Non-seulement il doit connaître l'histoire naturelle des marchandises dont il fait le négoce, et les divers degrés de fabrication qu'elles subissent avant de devenir propres à la vente ; non-seulement il doit connaître les coutumes, les goûts, le caractère et les lois commerciales de toutes les nations du globe, il doit encore étudier les diverses circonstances qui influent sur le taux des salaires, l'oscillation des prix, l'échelle du revenu, la valeur des monnaies, s'initier aussi aux effets de l'établissement et l'abolition des taxes et aux principes généraux des finances nationales.

En résumé, nous devons remarquer que le commerce a été de notre temps le principal moyen de répandre les arts et les sciences. Pas une découverte ne peut être faite dans les sciences, pas une invention dans les arts, sans qu'au moyen de notre immense commerce elles ne soient promptement répandues dans toutes les parties du monde. Le souffle du commerce a porté les semences de la science dans toutes les nations. Elles sont tombées sur le sol, y ont pris racine ; et dans tous les pays qu'elles ont visités, nous voyons maintenant les arbres de la science étendant au loin leurs branches ornées de fleurs et chargées de fruits.

Notre vaste commerce nous est une des plus sûres garanties de la durée de la science moderne. La Grèce et Rome furent renversées, et leur savoir fut enseveli sous leurs ruines ; mais la science moderne ne dépend pas de la conquête d'une ville ou du bouleversement d'un empire. Si les siéges actuels de la science venaient à être envahis par la barbarie, le commerce recevrait dans son arche leurs germes, et les perpétuerait dans les régions les plus éloignées. Nous pouvons non-seulement espérer que la civilisation moderne sera permanente, mais encore qu'elle progressera. Quand on voit quelle disposition aux entreprises audacieuses le commerce a répandue parmi toutes les populations, — quand on voit quelles facultés sont journellement déployées pour tâcher d'agrandir les limites de la science, — quels efforts sont faits pour répandre l'instruction dans toutes les classes de la société, qui peut mesurer d'avance le résultat de ce grand mouvement? qui peut dire que les classes les plus humbles ne seront pas plus éclairées un jour que ne sont aujourd'hui les classes plus élevées, et qu'alors le savoir de celles-ci n'augmentera pas en proportion? que ce ne sera pas seulement l'histoire d'une nation, mais de toutes les nations? et que le monde entier, arrivé à cet état de progrès, ne continuera pas encore et toujours à faire de nouvelles découvertes, jusqu'à ce que l'humanité atteigne ce degré de perfection dont nous n'avons maintenant aucune idée? Qui peut dire que l'esprit humain, placé dans une phase nouvelle, ne déploiera pas des aptitudes qu'il n'a pas maintenant conscience de posséder, et que la société ne sera pas aussi éloignée de l'état actuel de civilisation que cet état lui-même est loin de la barbarie? Qui peut dire à l'esprit humain : Tu avanceras jusque-là, mais tu n'iras pas plus loin? Allez, suspendez le mouvement des vents; arrêtez la révolution diurne de la terre; détournez les planètes; faites cela, et alors, mais alors seulement, espérez arrêter les progrès de l'esprit humain. La vérité est grande, et elle prévaudra. Aussi sûrement que l'aurore annonce le lever du soleil, et que sont vraies les lois de la nature, les splendeurs éclatantes du midi succéderont au demi-jour de notre science.

TROISIÈME LEÇON.

DU COMMERCE DE TYR ET DE CARTHAGE.

Naissance de la navigation. — Origine de Tyr et de Carthage. — Puissance maritime. Influence de la navigation sur le commerce. Avantages d'une position insulaire. Vaisseaux des anciens. Voyages de long cours. Commerce de transport. — Manufactures. Tissage. Teinture. Poterie, Tannage. Travail des métaux. — Colonies. Commerce colonial. Taux des salaires. Emigration. — Accumulation du capital. Crédit. Banques. Contrats à la grosse aventure. Associations. Compagnies par actions. — Caractère commercial des Carthaginois.

Dans ma première leçon, j'ai établi quelques-uns des principes élémentaires de la science commerciale. Nous avons vu que le commerce d'un pays dépendait de sa production, de sa consommation, de sa situation, de ses moyens de communication, de ses progrès dans les arts et les sciences, de la nature de ses lois, du génie et du caractère de ses habitants. J'ai essayé de vous démontrer ces propositions par des faits tirés de l'histoire de l'Egypte ancienne. Dans ma dernière leçon, j'ai exposé l'évolution de la société depuis la barbarie, jusqu'aux premiers développements du commerce. Nous avons vu l'établissement du droit de propriété individuelle, l'administration de la justice, la fondation des villes, l'institution des marchés et des foires, l'introduction des monnaies et des banques. J'ai essayé d'élucider ces principes par des faits tirés de l'histoire de la Grèce ancienne. Il s'agit d'examiner maintenant la société arrivée à un état de maturité : la propriété est respectée, les lois ont acquis de la force, les arts et les sciences sont cultivés, les hommes se sont procuré le nécessaire, le goût du luxe a pris naissance, et voilà que les peuples aspirent par tous les moyens à la possession des produits que ne leur fourniront ni leur sol ni leur climat. Pour connaître les efforts qui ont été dirigés vers ce but, nous n'avons rien de mieux à faire que d'ouvrir l'histoire de Tyr et de Carthage.

Le pays appelé Phénicie était situé sur les bords de la mer Méditerranée, au nord-ouest de la terre de Chanaan et au sud-ouest de la Syrie. Ce territoire était fort restreint, et, de même que la plupart des contrées de l'antiquité, il fut d'abord divisé en plusieurs États indépendants. Les deux villes les plus considérables étaient Tyr et Sidon. L'ancienne Tyr était bâtie sur la terre ferme, elle soutint un siége de treize ans contre Nabuchodonosor. Elle finit par être prise ; mais les Tyriens étant maîtres de la mer se retirèrent avec leurs familles et leurs biens avant que Nabuchodonosor pût s'emparer de la place. Plus tard, ils fondèrent la nouvelle Tyr à quelque distance du continent, elle fut bâtie sur un roc d'environ trois milles de circonférence. Cette nouvelle cité fut assiégée par Alexandre le Grand et prise, avec un grand carnage, après un siége de sept mois. L'Ecriture sainte décrit la ville de Tyr comme « une ville joyeuse, dont l'antiquité date des anciens jours, dont les marchands sont des princes et des grands de la terre. » — « Tu as entassé l'or et l'argent dans tes trésors comme la poussière ou la boue des rues. Lorsque les vagues de tes mers sont mises en mouvement, tu nourris plusieurs peuples, tu enrichis les rois de la terre par la grandeur de tes richesses et de ton commerce. » Tyr faisait un commerce considérable avec la Judée. Salomon, roi d'Israël, fit un traité avec Hiram, roi de Tyr, en vertu duquel les Tyriens devaient couper dans les forêts du Liban, et transporter par mer, jusqu'à Joppé, d'où on le faisait venir par terre à Jérusalem, le bois destiné à la construction du temple et d'autres édifices publics, et, en retour, Salomon fournissait annuellement à Hiram le froment, l'orge, le vin et l'huile que la Judée produisait en abondance. Lorsque Salomon équipa une flotte à Asiongaber pour se rendre à Tarsis, Hiram fournit l'équipage; car les Tyriens connaissaient beaucoup mieux la navigation que les Israélites. A une époque plus avancée, après la division en dix tribus, Achab, roi d'Israël, épousa Jézabel, fille de Ethbaal, roi de Sidon, et introduisit le culte de Baal, dieu des Sidoniens, qui fut plus tard introduit en Judée par sa fille Athalie. Nous lisons aussi que les Tyriens apportaient du poisson et d'autres marchandises à Jérusalem, et nous les voyons menacés d'un châtiment par Néhémie pour les avoir exposés sur le murché le jour du Sabbat.

Les Tyriens étaient remarquables par leurs connaissances sur l'art nautique, leur habileté industrielle et l'importance de leur commerce. Les renseignements les plus détaillés que nous ayons sur ce point se trouvent dans le 27ᵉ chapitre de la prophétie d'Ézéchiel. Pour étendre leur commerce avec d'autres nations éloignées, ils fondèrent plus de 40 colonies sur les côtes de la mer Méditerranée. Politiquement, ces colonies, de même que celles de la Grèce, étaient indépendantes de la mère-patrie; elles avaient l'administration absolue de leurs affaires. La plus célèbre fut Carthage.

Carthage était bâtie sur les côtes de l'Afrique, à peu près à moitié chemin de la Phénicie, au détroit de Cadix. Elle était située sur une péninsule de 45 milles de circonférence, qui se rattachait au continent par une langue de terre de 3 milles de large. A l'époque de sa splendeur, Carthage avait près de 23 milles de circonférence, et contenait une population de 700,000 habitants. Elle étendait sa domination sur toutes les côtes d'Afrique; son territoire avait plus de 1,400 milles de long et contenait 300 villes. Elle possédait encore une partie de d'Espagne et toutes les îles de la mer Méditerranée jusqu'au détroit de Sicile. Cet immense empire fut moins acquis par les conquêtes que par le commerce et la colonisation. Le gouvernement, comme celui de la plupart des nations de l'antiquité, était républicain ; mais, ce qui est fort remarquable et le distingue de toutes les autres républiques anciennes, c'est que durant son existence de six cents ans n'apparaît aucun cas de guerre civile. Les écrivains de l'antiquité attribuent ce fait à la perfection de la constitution politique de Carthage ; il est dû, suivant nous, au bon sens et aux habitudes commerciales de ses habitants.

Les Carthaginois excellaient dans les arts et les sciences, mais tous les monuments de leur grandeur furent détruits par les Romains. Nous ne savons des Carthaginois que ce que nous disent les écrivains grecs et romains, et encore ces derniers furent-ils leurs ennemis et leurs destructeurs. Si nous avions une histoire aussi détaillée de la naissance et des progrès de Carthage que celle que nous avons sur la Grèce et Rome, ce serait certainement la partie la plus utile de l'histoire ancienne.

Voici ce que nous lisons sur leur commerce : « Les denrées dont ils approvisionnaient les autres nations en grande abondance, semblent avoir été le blé, les fruits de toute espèce, diverses sortes de comestibles, des épices, de la cire, du miel, de l'huile, des peaux d'animaux sauvages, etc.; productions qui toutes étaient celles de leur sol. Les principaux objets manufacturés étaient les ustensiles, les jouets, les câbles faits avec un arbrisseau, sorte de genêt, les matériaux de toute espèce pour la marine, et finalement la couleur appelée punique dont il semble que la fabrication leur ait été particulière. En Egypte, ils allaient chercher la fine toile, le papier, etc.; sur les

4.

côtes de la mer Rouge, les épices, l'encens, les parfums, l'or, les perles et les pierres précieuses; en Syrie et en Palestine, la pourpre, l'écarlate, les étoffes de laine et les riches ameublements ; puis, de l'Occident du monde, ils rapportaient en échange du fer, de l'étain, du plomb, du cuivre, etc. Carthage était si célèbre par l'habileté de ses artisans, que même les Romains appelaient du nom de punique toutes les inventions de goût, tout travail élégant. Ainsi, les lits ou couches puniques, les fenêtres puniques, les pressoirs puniques, les fanaux puniques étaient regardés par les Romains comme les plus commodes et les plus élégants.

L'histoire de Carthage, tout imparfaite qu'elle soit, montre bien les voies par lesquelles les nations développent leur commerce. Ce sera le sujet de notre leçon. Je vous ferai remarquer que le commerce s'étend :

1° Par l'essor de la navigation ;

2° Par celui des manufactures ;

3° Par la fondation de colonies ;

4° Par l'accumulation du capital.

Voilà les quatre points principaux dont je vais vous entretenir :

1° Le commerce s'étend à la faveur de la puissance nautique.

Dans les climats chauds, la nécessité de la propreté est si impérieuse que les bains y sont presque partout recommandés comme un devoir religieux. En se baignant et en voyant les animaux dans l'eau, l'homme apprit bientôt à nager. En même temps il dut remarquer des branches d'arbres brisées par le vent, et emportées par le courant ; ce qui lui suggéra l'idée de construire un canot ou bateau, en taillant une cavité dans le tronc d'un arbre. Nous devons donc penser que l'art nautique prit naissance dans les pays chauds. Une fois que l'art de construire les bateaux fut connu, il fit de rapides progrès, les hommes avançant toujours dans la connaissance des arts et des sciences et faisant des voyages plus longs. De la construction de bateaux faits seulement pour porter les hommes, on arriva à la construction de bateaux qui pouvaient transporter des marchandises. Ce fut alors que la navigation servit au commerce. Puis, l'on remarqua bientôt que les fardeaux les plus lourds étaient transportées en moins de temps et à moins de frais sur une rivière que par terre ; de cette observation résultèrent des progrès simultanés pour le commerce, l'art de la navigation, et celui de la construction des vaisseaux. Les hommes qui demeuraient sur les bords de la mer commencèrent à la regarder comme une source de richesses et de puissance, et ils s'habituèrent à la vie maritime.

La navigation a une grande influence sur le commerce. Le commerce consiste dans l'échange réciproque des productions surabondantes de divers pays. Mais deux pays, situés l'un près de l'autre, ayant le même sol et le même climat, produiront à peu près les mêmes denrées, et il n'en résultera que très-peu d'échanges ; tandis que des pays éloignés les uns des autres et de différents climats, produiront des denrées très-diverses, ce qui donnera naissance à un grand commerce. Mais le commerce ne se ferait pas facilement par terre entre deux pays éloignés l'un de l'autre. Il y aurait de grands retards, de grands risques d'obstacle ou de vol, de la part des habitants du pays qu'il vous faudrait traverser. Tandis que vous obviez à tous ces inconvénients au moyen du voyage par mer. Le transport des marchandises est effectué en moins de temps, à moins de frais et se trouve moins exposé à des retards. Le résultat de toutes ces facilités sera la vente à meilleur marché des marchandises importées ou exportées, ce qui tend toujours à augmenter la demande et à donner au commerce une grande extension.

Dans beaucoup de cas, une île présente de plus grands

avantages commerciaux qu'un pays continental. Eu égard
à sa dimension, une île a une plus grande étendue de rivage. Le climat y est généralement plus doux et plus égal,
et par conséquent les opérations du commerce y sont
moins contrariées par les saisons. La mer est une fortifica-
tion naturelle, qui diminue le danger d'une invasion
et en même temps le nombre d'individus appelés sous les
drapeaux de l'armée. Et comme tout le trafic avec les autres nations se fait nécessairement par mer, les habitants
y sont tout portés à devenir des marins ; l'art de la navigation et de la construction des vaisseaux y est mieux
étudié, et les hommes ont plus d'adresse et de courage
dans les guerres maritimes. Nous voyons dans l'histoire
ancienne les îles de Crète, de Rhodes et de Chypre célèbres par le commerce.

Les îles ont aussi ce grand avantage de permettre de
faire par mer le commerce entre leurs diverses provinces.
Ce qui, en d'autres pays, est un commerce d'intérieur et
et se fait au moyen de routes et de canaux, est dans les
îles un commerce de cabotage. L'échange des marchandises se fait entre les divers points du territoire, au
moyen de vaisseaux, en moins de temps et à moins de
frais, que par terre.

Les vaisseaux des anciens différaient beaucoup de ceux
des modernes. Les mers étroites de la Grèce, enclavées
dans les terres et remplies de petites îles, étaient sujettes
à de violents orages et à de grands calmes ; aussi pour y
naviguer ne se servait-on pas généralement de voiles. C'est
à la rame que les vaisseaux étaient conduits, et les matelots ne s'éloignaient pas des côtes.

Les vaisseaux de guerre étaient appelés vaisseaux longs,
et ceux qui servaient au commerce, vaisseaux ronds.
Construits pour le commerce, ceux des Phéniciens étaient
plus larges et plus profonds que ceux qui servaient à la
guerre. Du temps d'Homère, les cordages en chanvre

étaient inconnus ; on se servait de lanières de cuir. Les bâtiments n'avaient qu'un mât et encore était-il mobile. Un vaisseau ne pouvait pas contenir plus de cent vingt hommes. La navigation était encore dans l'enfance, mais les principales constellations avaient été observées, et grâce à elles, les Grecs avaient pu atteindre en naviguant l'île de Chypre, la Phénicie et l'Égypte.

Ces vaisseaux ou galères avaient généralement plusieurs rangs de rames se tenant au-dessus les unes des autres. Les principaux vaisseaux dont on se servit d'abord étaient des trirèmes, ou galères à trois rangées de rames ; mais les Phéniciens et les Carthaginois construisirent des vaisseaux à quatre ou cinq rangs de rames. Ceux de luxe et d'apparat en avaient quelquefois un plus grand nombre. Les vaisseaux de guerre avaient généralement un *bélier* en bois recouvert de cuivre, à leur proue, dans le but d'inquiéter les vaisseaux ennemis.

Dans les premiers temps, les vaisseaux avaient quelquefois deux gouvernails de chaque côté, puis ils en eurent un à chaque bout ; plus tard, enfin, ils n'en eurent plus qu'un seul à l'arrière, et la proue ou avant du vaisseau fut décorée d'une figure. Pour les vaisseaux de guerre, qui ne devaient transporter aucun fardeau, le principal mérite était la rapidité. Les hommes ne pouvaient jamais dormir, ni même manger commodément à bord. Dans leurs expéditions navales, ils se tenaient près des côtes et descendaient à terre pour prendre leurs repas. Lorsqu'ils étaient au moment de livrer bataille, ils pliaient les voiles, et se servaient uniquement de leurs rames qui leur permettaient d'avancer ou de reculer selon les circonstances.

Les vaisseaux de guerre étant longs, étroits et chargés d'hommes, ne pouvaient soutenir un grand vent ; mais les vaisseaux marchands, ou vaisseaux ronds le supportaient mieux. Ils étaient conduits par moins de bras et pouvaient convenir à de longs voyages.

Voici comment le prophète Ezéchiel nous décrit les vaisseaux de Tyr : « Ils ont construit tous tes vaisseaux, O Tyr, avec les sapins du Senaar ; ils ont pris les cèdres du Liban pour faire les mâts et les chênes de Bashan pour les rames ; des Assyriens associés en ont orné les bancs de l'ivoire apporté des îles de Kittim. Le fin lin brodé en Égypte a servi de voiles, et la décoration a été faite de l'azur et de la pourpre venues des îles d'Élissa. Tu as eu pour matelots les habitants de Sidon et d'Aspad, et pour pilotes, ô Tyr, les plus instruits de tes habitants. »

Les Grecs bornaient leur navigation aux mers qui les entouraient. La Sicile elle-même fut pour eux, pendant des siècles, la terre des fables et des monstres, c'est-à-dire presque inabordable. Mais les Phéniciens voyagèrent dans toute la Méditerranée, ils franchirent le détroit de Gibraltar et abordèrent jusqu'en Angleterre. Ces voyages demandaient des vaisseaux d'un assez fort tonnage, et aussi d'assez grandes connaissances en navigation. Il paraît cependant que la règle des navigateurs était de se tenir, autant qu'ils le pouvaient, près des côtes. Vous savez que, dans la Méditerranée, il n'y a pas de marée, mais un courant qui se dirige toujours vers l'Océan, où il devient nécessaire de naviguer d'une manière toute différente. Il faut qu'un commerce qui doit payer les frais d'un aussi long voyage donne de grands bénéfices, car il exige de plus grandes avances de fonds, et un plus long espace de temps avant que le capital puisse être recouvré. En trafiquant avec les peuplades barbares de l'Angleterre, les Phéniciens ont dû échanger des marchandises d'une valeur comparativement moindre, pour d'autres qui étaient pour eux d'un grand prix. Ils importaient en Angleterre du sel, de la vaisselle de terre et de la bijouterie de cuivre, et en rapportaient de l'étain, des cuirs et de la laine. Ce commerce était si avantageux que les Cartaginois se le réservaient pour eux seuls. Il arriva qu'un vaisseau romain voulut suivre un vaisseau carthaginois dans le but de découvrir sa destination. Alors le capitaine carthaginois s'échoua à dessein, et détermina de la sorte l'échouement du vaisseau romain qui le suivait. Le navigateur Carthaginois jeta ensuite sa cargaison à la mer et put sauver son bâtiment. Le sénat de Carthage approuva sa conduite et le dédommagea de ses pertes.

Non-seulement les Carthaginois trafiquaient des produits de leur pays avec les contrées qu'ils visitaient, mais ils se posaient en intermédiaires entre ces contrées diverses, achetant dans les unes pour revendre dans les autres. C'est ce que nous appelons maintenant le commerce de transport. Il est des contrées qui peuvent produire certaines denrées, en assez grande abondance pour former les bases d'un grand commerce, et ne pas posséder les capitaux nécessaires pour les exporter. Ainsi les Indiens de l'Amérique peuvent fournir des fourrures en abondance, mais ils manquent de vaisseaux, et s'il y a deux nations dans le même cas, ce sera un grand avantage pour toutes deux qu'une troisième nation entreprenne leurs exportations respectives. Les Hollandais firent pendant très-longtemps le commerce de transport de l'Europe. De nos jours encore, les Américains vont chercher du thé en Chine et le vendent en France. Le système d'entrepôt de l'Angleterre ressemble à un commerce de transport : des marchandises peuvent être apportées de tout pays, placées à l'entrepôt pendant un certain temps, et alors exportées sans aucun droit dans un autre pays. Les Carthaginois faisaient donc ce genre de commerce. Ils rapportaient de l'Angleterre de l'étain qu'ils échangeaient en Égypte contre de la toile ; ils portaient en Espagne du blé d'Egypte et rapportaient en Egypte de l'or d'Espagne.

Comme ils n'étaient pas de simples agents de transport, mais vendaient pour leur compte toutes les marchandises qu'ils transportaient, ils tiraient profit de tout le commerce qui s'effectuait entre les diverses nations, et c'est à leur appareil nautique qu'ils devaient tous ces avantages.

2º Le commerce s'étend par l'établissement de manufactures.

On dit qu'un objet est manufacturé lorsqu'il a subi quelque transformation par le travail de l'homme. Les éléments du travail manufacturier s'appellent matières premières. Ainsi le drap est un article manufacturé, et la laine en est la matière première. La farine est aussi un produit manufacturé, qui a le blé pour matière première. A Waterford, nous avons souvent entendu appeler le lard, objet manufacturé, le porc étant considéré comme la matière première.

Certains objets manufacturés sont cependant faits avec d'autres objets ayant déjà subi une première fabrication. Ainsi nous disons une manufacture de gants, de chaussures, de clous, quoique les matériaux, le cuir et le fer aient déjà subi une première main-d'œuvre.

Le mot manufacturé signifie *fait avec la main*, terme qui n'est pas très-exact, maintenant que la mécanique joue un grand rôle dans nos manufactures. La qualification de manufacturier s'applique à celui qui produit des ouvrages en grande quantité et les vend en gros. On appelle fabricant ou artisan celui qui confectionne peu d'ouvrages et les vend immédiatement aux consommateurs.

Dans tout pays, on rencontre quelques manufactures destinées à la consommation des habitants. Mais par un pays manufacturier, nous entendons celui qui fabrique non-seulement pour sa consommation propre, mais aussi pour l'exportation. Une nation qui peut ainsi étendre sa production au delà de ses besoins, augmentera par là même son commerce extérieur. Il en sera de même de ses importations puisque ce mouvement d'affaires la met à même d'acheter en plus grande quantité les produits des autres pays. Toutes les nations qui sont devenues manufacturières sont devenues commerçantes et par suite opulentes.

Les nations manufacturières arrivent à la richesse par la valeur qu'elles ajoutent aux matières premières ; car il y a une différence immense entre la valeur des matériaux bruts et celle qu'ils acquièrent une fois manufacturés. Ainsi, par exemple, il a été démontré qu'une livre de coton filé valait 5 liv. sterl.; et que, tissée en mousseline et brodée au plumetis, elle vaut 15 liv. sterl. Ce dernier chiffre représente un accroissement de 5,900 sur la valeur de la matière première. Une once de fil de Flandre a été vendue à Londres 4 livres ; c'est-à-dire dix fois le prix de l'or, poids pour poids. On peut travailler l'acier de manière à le rendre trois cents fois plus cher que l'or, à poids égal. Six fils à ressort en acier pour balancier de montre, pesant un grain, produisent à l'artiste 7 shillings et 6 pence chacun, en tout 2 livres 5 shillings, et un grain d'or coûte seulement 2 pence. Un service de cristal taillé ou porcelaine de choix coûtera bien plus de cent fois la valeur des matières premières dont il est composé. M. Babbage nous dit que le ressort d'une montre qui règle les vibrations du balancier coûte, au prix de détail, 2 pence et pèse un 100ᵉ d'un grain, tandis que le prix de détail d'une livre du meilleur fer, matière première de laquelle on peut tirer 50,000 ressorts, vaut exactement la même somme, deux pence. Une certaine quantité de plomb, qui coûte une livre, sera vendue 28 livres arrivée à l'état de caractères d'imprimerie. Une quantité de fer en barres, qui ne coûte qu'une livre, coûtera, convertie en aiguilles, 70 liv.; 446 liv. en paires de ciseaux les plus fins ; 238 liv. en canons de fusil ; 657 l. en lames de canif, et 972 l. en poignées d'épée d'acier poli. M. Babbage nous dit encore que quatre hommes, quatre femmes et deux enfants peuvent faire plus de 5,500 épingles en moins de huit heures.

Mais vous ne devez pas en conclure que les fabricants
de ces articles de commerce font de plus beaux bénéfices
que les autres manufacturiers. Les prix élevés tiennent à
l'immense travail consacré à la production. Ce qui fait
que les nations manufacturières acquièrent des richesses,
c'est qu'elles donnent de l'occupation à toute la population.
Les hommes, les femmes, les enfants, tous sont occupés,
et tous les jours et tout le jour, quelquefois une partie de
la nuit, sans qu'ils soient interrompus par le changement
de la température ou des saisons. Je vais essayer de vous
démontrer ces résultats sur la richesse nationale. Si j'avais
une propriété assez fertile pour que chaque boisseau de
semence me rapportât 600 boisseaux de grains, je serais
bientôt riche. Mais si pour le prix d'un boisseau de blé
je peux acheter une certaine quantité de matières premières et que par le travail que je leur consacre je puisse
les vendre pour le prix de 600 boisseaux, c'est pour moi
la même chose que si j'avais la propriété dont je viens de
parler. Seulement, dans les manufactures, vous avez
l'avantage de pouvoir vous servir d'une plus grande quantité de machines. Comme toute la valeur additionnelle donnée aux matières premières vient du travail, les hommes ont
porté leur intelligence à produire le plus de travail possible,
à augmenter sa puissance par sa bonne distribution, et à inventer des machines au moyen desquelles l'eau, le vent, l'air
et la vapeur soient forcés de remplacer l'effort de l'homme.
On a essayé d'introduire de semblables machines dans les
opérations de l'agriculture ; mais elles n'y peuvent recevoir
la même extension. L'agriculture a ce désavantage que,
quelles que soient les forces que nous mettons en œuvre,
tout ce que nous pouvons faire est d'augmenter la récolte et
de diminuer les frais de quelques opérations ; mais nous ne
pouvons accélérer les phénomènes de la végétation en aucune manière. Il est en notre pouvoir, au moyen de la
mécanique, de tisser une pièce de coton ou de soie, ou

faire une paire de rasoirs en moitié moins de temps qu'à une époque voisine de nous; mais il nous est impossible de faire qu'un champ produise une récolte de blé, d'orge ou de pommes de terre en moitié moins de temps que de coutume. Le temps des semailles et celui de la moisson doivent se succéder dans un ordre invariable, et les opérations de la nature ne peuvent être hâtées, quels que soient les agents mécaniques que nous fassions intervenir.

Lorsque l'on établit une manufacture dans un pays, c'est que ce pays possède en abondance ou la matière première, ou des facilités pour la fabrication. Ainsi une usine sera presque toujours établie dans un pays qui produit le minerai de fer, et encore faut-il qu'il produise du bois ou du charbon. Le minerai ne peut pas être fondu sans feu; tous les minerais de cuivre du comté de Cornouailles sont portés à Swansea pour y être fondus, car le Cornouailles ne produit pas de charbon. Il en est de même du minerai de cuivre, qui est apporté de l'Amérique du sud à Liverpool pour y être fondu, parce qu'il n'y a pas de charbon dans cette partie de l'Amérique. Mais là où se trouvent de grandes facilités pour la fabrication, on peut fonder des manufactures, bien que le pays ne produise pas les matières premières. L'Angleterre ne produit pas de coton, et elle a pourtant d'immenses filatures de coton. C'est que le moteur par excellence dans toutes les filatures, c'est la vapeur. La vapeur est obtenue par le feu, le feu par le charbon; et ce sont les mines de charbon de l'Angleterre qui l'ont dotée de la filature du coton.

Lorsqu'un pays est arrivé, soit par ses avantages physiques, soit grâce au génie de ses habitants, à fabriquer quelques marchandises à meilleur marché et mieux que d'autres pays, ces autres pays trouveront que, dans beaucoup de cas, il est de leur intérêt de diriger tous leurs efforts et d'employer leurs capitaux aux travaux dans lesquels ils réussissent le mieux, puis de se procurer les autres marchandises par voie d'échange, plutôt que de les fabriquer eux-mêmes. C'est ainsi que les manufactures étendent leur commerce.

Tyr et Carthage excellaient dans le tissage, la teinture, la poterie, l'étamage et le travail des métaux.

Un des arts les plus anciennement connus est celui du tissage. Quoique les hommes aient commencé par se vêtir de la peau des animaux, ils apprirent de bonne heure l'art de filer et de tisser la laine. Dans toutes les nations de l'antiquité, c'étaient les femmes qui s'occupaient de ce travail. Nous trouvons dans l'histoire sacrée, aussi bien que dans l'histoire profane, l'art de filer signalé comme l'occupation des femmes du plus haut rang. Dans le dernier chapitre des Proverbes, où se trouve l'énumération des qualités d'une bonne épouse, il est dit qu'elle doit prendre la laine et le lin, et les travailler de ses mains avec plaisir, et qu'elle doit non seulement en fournir son ménage, mais encore « en remettre des ceintures aux marchands. » Au moyen âge, la coutume était la même ; et, de nos jours encore, la qualification légale d'une femme non mariée correspond en anglais au mot « fileuse. »

Quoique les Egyptiens aient été célèbres pour le travail du lin, et les Phéniciens pour celui de la laine, il n'est pas probable qu'ils aient eu des manufactures dans le sens que nous attachons maintenant à ce mot. — Vous savez que le nord de l'Irlande a été pendant quelques années cité pour la fabrication de la toile ; et pourtant ce n'est que tout récemment que des manufactures ont été créées à Belfast, où l'on a essayé d'appliquer à la fabrication de la toile les machines dont on se sert dans la fabrication du calicot. Le lin était filé dans les maisons par les femmes, et tissé par les hommes. Il était alors porté au marché en petites quantités, et acheté par les blanchis-

seurs de toile, qui le préparaient pour la vente aux consommateurs. C'était sans doute de cette manière que se
fabriquaient la toile et le drap dans les anciens temps.
Quand Moise eut besoin de voiles pour couvrir le tabernacle, qu'il éleva immédiatement après la sortie d'Egypte,
il ne les commanda pas à un fabricant; mais « toutes les
femmes qui avaient le cœur sage les filèrent de leurs mains,
et lui apportèrent le résultat de leur travail paré des couleurs de l'azur, du pourpre et de l'écarlate. »

Dans l'antiquité, le peuple portait la tunique et le manteau de couleur naturelle ; il n'y avait que les gens riches
qui eussent des vêtements de couleur. La couleur la plus
estimée était le pourpre ; les empereurs romains l'avaient
adoptée, et elle devint l'emblème de la royauté. Lorsque
les Romains sollicitaient les votes de leurs compatriotes,
ils portaient un vêtement blanc; blanc se dit en latin
candidus, et c'est de là qu'ils furent appelés candidats. Le
mot *candidat* signifie littéralement un homme vêtu de
blanc.

Les Tyriens furent dès l'origine renommés pour la
beauté de leurs teintures, et ils conservèrent longtemps
cette réputation. Du reste, en teinture, les secrets peuvent être plus facilement conservés que dans les autres
industries. La teinture demande presque toujours une
substance intermédiaire appelée mordant. Cette substance
mord le drap et la teinture et les lie l'un à l'autre. Si l'on
teignait une pièce de drap d'une couleur quelconque sans
se servir d'un mordant, la couleur partirait au premier
lavage. Le grand secret en teinture, c'est de trouver le
mordant qui convient à chaque couleur. De différents
mordants produiront différents résultats avec la même
couleur. Si vous trempez une pièce de drap dans une solution d'alun, qui est un mordant très-ordinaire, et que
vous la teigniez après avec de la cochenille, vous obtiendrez un magnifique écarlate; mais si vous la trempez dans

de l'oxide de fer, et après la teigniez avec de la cochenille, vous arriverez au noir. D'autres fois, vous obtiendrez un résultat différent de la couleur de la teinture et du mordant. Ainsi, si vous faites bouillir une pièce de drap dans un mordant bleu, et qu'ensuite vous la trempiez dans une teinture jaune, vous n'obtiendrez ni bleu ni jaune, mais un très-bon vert. Nous ne connaissons pas les substances dont les Phéniciens se servaient dans leur teinture. On suppose seulement qu'ils obtenaient leur magnifique pourpre d'un poisson qu'ils trouvaient dans la Méditerranée.

Les anciens estimaient beaucoup l'art de la teinture. Jacob donna à Joseph, son fils bien-aimé, une robe de plusieurs couleurs. Le tabernacle, construit par les Israélites dans la désert, avait des voiles de fin lin ouvré bleu, pourpre et écarlate. La mère de Sisara, comptant sur le retour de son fils, se pare d'un habillement de diverses couleurs, brodé des deux côtés comme ceux destinés au vainqueur. Le voile du temple de Salomon était de fin lin, bleu, pourpre et cramoisi. Les rois portaient une robe de pourpre. « Mardochée se retira de la présence du roi, qui était revêtu de ses habits royaux blancs et bleus, avec une couronne d'or et un manteau de lin et de pourpre. » Le prophète Ezéchiel, s'adressant à Tyr, lui dit : « Le bleu et la pourpre te couvrent. » Et dans le Nouveau Testament : « L'homme riche est celui qui porte la pourpre et le lin, et fait tous les jours bonne chère. »

La poterie était un des articles que les Carthaginois exportaient en Angleterre. L'art de la poterie paraît avoir été connu dans les premiers âges du monde. L'histoire juive parle de vaisselle de terre, et les poëtes hébreux en font un emblème de la fragilité humaine. — « Tu les briseras en morceaux comme des vases de terre. » Le prophète Jérémie nous décrit les procédés de fabrication. Il paraît que les Phéniciens ont excellé dans cet art, et vous savez à quelle perfection peut être portée de nos jours la fabrication de la poterie.

Une fois que les hommes eurent appris à se servir de la peau des animaux, ils connurent bien vite l'art du tannage. Nous les voyons de très-bonne heure se servir du cuir. Avant la découverte des cordages de chanvre, on se servait de lanières de cuir en guise de cordes. Le cuir fut également employé à faire des bouteilles. Aussi lisons-nous quelque part qu'« il ne faut pas mettre du vin nouveau dans de vieilles bouteilles, parce qu'elles éclateraient; mais qu'il faut des bouteilles neuves au vin nouveau, et qu'ainsi tous deux se conserveront. » — Nos premiers parents étaient vêtus de la peau des animaux, et cela bien avant que la permission leur eût été donnée d'en manger la chair; ce qui nous fait croire que ce devait être la peau des animaux offerts en sacrifice.

Les Carthaginois étaient très-habiles dans le travail des métaux. Ils employaient plus de 40,000 ouvriers dans les mines de l'Espagne, d'où ils tiraient l'or, l'argent, le cuivre et l'étain; plus tard le Cornouailles leur donna de l'étain en plus grande abondance. Ils visitaient régulièrement l'Angleterre; ils en tiraient de l'étain, des peaux et de la laine, et y laissaient en échange du sel, des poteries et des ustensiles de cuivre. Une chose singulière, c'est qu'il semble que les Carthaginois aient complétement ignoré que le comté de Cornouailles renfermât du cuivre, quoiqu'il en ait en aussi grande quantité que de l'étain. Les Anglais importaient alors tous les instruments de cuivre dont ils se servaient. Il est probable que les Carthaginois ne connaissaient pas la manière de fondre le cuivre, d'autant plus que le Cornouailles ne produit ni bois ni charbon. L'extraction du minerai de cuivre offre beaucoup plus de difficulté que celle de l'étain, et le cuivre est même extrait plus difficilement que le fer.

« Les Tyriens, dit Ezéchiel, tiraient de Tarsis de l'argent, du fer, de l'étain et du plomb. Ils tiraient aussi du fer de Dan et de Jovan. Quelques-uns des arts dans lesquels les Phéniciens se distinguaient sont énumérés dans la lettre adressée par Salomon à Hiram, roi de Tyr. « Envoie-moi donc un homme habile à travailler l'argent et l'or, le cuivre et le fer, le pourpre, le cramoisi et le bleu, et qui puisse s'entendre pour la sculpture avec les hommes habiles qui sont avec nous en Judée et à Jérusalem, et dont David, mon père, s'était entouré. Envoie-moi aussi des cèdres, des sapins ; car je sais que tes serviteurs sont de la plus grande adresse pour couper le bois du Liban. »

3° Le commerce s'étend par la fondation de colonies.

Le commerce est favorisé par un système bien entendu de colonisation. Si nous avons l'habitude d'importer certaines marchandises d'un pays éloigné, il est évident que notre commerce est exposé à des interruptions. Des dissentiments politiques et d'autres motifs peuvent amener le gouvernement de ce pays à donner sur nous la préférence à d'autres nations. Nos rivaux peuvent obtenir des franchises de droit ou d'autres priviléges qui ne nous seront pas accordés, ce qui nous empêchera d'obtenir ses productions à aussi bon marché qu'auparavant. D'un autre côté, si nous avons l'habitude d'approvisionner ce pays des productions du nôtre, nous pouvons être supplantés par d'autres nations, si elles parviennent, en envoyant des marchandises semblabes, à être favorisées de priviléges particuliers. Mais si ce pays éloigné est une de nos colonies, rien de tout cela ne nous menace. Ses productions ne peuvent plus nous être enlevées par des priviléges exclusifs accordés à des étrangers, et nous ne pouvons être privés de sa clientèle pour les articles de notre propre industrie.

La possession de colonies est désirable, alors même qu'elles produisent les mêmes denrées que la mère-patrie.

A mesure que la population augmente, le prix des matières premières augmente en proportion. Le terain envahi
par le labourage est enlevé aux pâturages, ce qui occa-
sionne une élévation sur le prix du bétail, et par conséquent sur celui du cuir, des peaux, de la corne, du suif et
autres matériaux. Non-seulement pour équilibrer la production des aliments avec la consommation, on étend la
culture, mais on est forcé de recourir aux plus pauvres
terrains ; et alors, les frais de culture augmentant, le prix
des aliments augmente en proportion. De là suit que dans
un pays populeux, où les habitants se nourrissent du produit de leur travail, la vie sera toujours chère. Il est donc
avantageux à un tel pays, dès que les terres les plus fertiles sont toutes cultivées, et que les habitants travaillent
principalement dans les manufactures, de découvrir d'immenses étendues de terres fertiles auxquelles on peut
faire produire, à peu de frais, des denrées alimentaires,
et aussi des matières premières, aliment du travail industriel dans la mère-patrie. C'est dans ces pays nouvellement découverts que l'on peut établir des colonies. Les
colons choisiront les endroits les plus fertiles pour le labourage ; le pâturage de leurs bestiaux ne leur coûtera
rien, ils n'auront aucun fermage à payer et seront exempts
de toutes ces taxes qui existent nécessairement dans des
pays de fondation plus ancienne. Avec tous ces avantages,
il est évident qu'une colonie pourra produire du blé et des
matières premières qui, même après avoir été grevés des
frais de transport, pourront être vendus à un prix bien
plus modéré que les mêmes articles produits par la mère-
patrie. Il sera donc avantageux à celle-ci de tirer des produits bruts de ses colonies, et de leur donner en échange
des marchandises manufacturées.

Les Grecs fondèrent leurs colonies pour se débarrasser
d'une population surabondante, et elles devinrent bientôt
indépendantes. Les colonies romaines furent fondées en

5.

partie dans le même but, et en partie pour la défense des pays que les Romains avaient conquis. Les Tyriens et les Carthaginois fondèrent des colonies dans le dessein d'étendre leur commerce. On dit que les Tyriens en fondèrent 40 sur les côtes de la Méditerranée. Les Carthaginois envoyaient régulièrement quelques citoyens dans des pays nouveaux qu'ils jugeaient propres au commerce. Ces colons ne furent sans doute au commencement que des facteurs ou agents. Ce fut, du reste, de cette manière que les Anglais colonisèrent quelques parties de l'Amérique du Nord. Ils ouvrirent des relations avec l'Amérique pour s'y procurer des fourrures ; mais les Indiens ne songeaient à les recueillir que lorsque les vaisseaux arrivaient. Alors les négociants donnèrent à quelques personnes la mission de rester dans le pays pendant l'hiver, et d'y réunir des fourrures jusqu'à la saison propice. Les Indiens apportaient le produit de leur chasse à ces établissements dont le nombre augmenta. Bientôt les animaux dont la fourrure était recherchée diminuèrent ; et les Indiens furent obligés, pour les atteindre, d'aller plus loin dans les terres. Un rapide progrès ayant eu lieu dans le nombre des colons, ils élevèrent une ville qui ne tarda pas à être entourée d'autres petits établissements ; et c'est ainsi qu'avec le temps, tout le territoire compris entre ces établissements divers fut soumis à la mère-patrie.

Le commerce colonial, de même que tous les autres commerces, consiste en importations et en exportations. Les colonies exportent ces denrées que ne produit pas la mère-patrie, ou qu'elle ne produit pas en quantité suffisante. Les Carthaginois importaient l'or et l'argent de l'Espagne, l'étain de l'Angleterre, puis le fer, la soie, les fourrures et d'autres articles que ne produisait pas leur pays. Mais les importations s'étendaient à ce qu'il ne produisait pas en quantité suffisante, comme le blé, la laine, les fourrures, le bois de construction et divers mé-

taux. Ce sont les produits bruts, les matières premières
de l'industrie qui peuvent presque toujours être produits
à meilleur marché dans une colonie que dans un pays plus
ancien. Tandis que les exportations d'une colonie consistent en produits bruts, ses importations consistent en
objets manufacturés ; et si des pays nouvellement peuplés ont, dans la production des matières brutes, l'avantage sur des pays plus anciens, ceux-ci, à leur tour, ont
l'avantage dans la production manufacturière. Les habitants y sont condensés dans les villes, et la division du
travail y est mieux appliquée, les machines y sont plus
parfaites et les procédés mieux compris. La mère-patrie
tire donc un double avantage de ses colonies : celui d'obtenir des matières premières à meilleur marché, et celui
d'assurer un débouché à ses produits industriels. De
même, les colonies sont redevables d'un double avantage
à la mère-patrie : celui d'un débouché pour leurs produits
bruts, et celui d'obtenir des produits manufacturés plus
parfaits et à plus bas prix. Ce commerce, entre la mère-
patrie et les colonies, ressemble à celui qui se pratique
entre la ville et la campagne ; c'est un échange de produits entre le fermier et l'artisan. La colonie envoie ses
produits à la mère-patrie, de la même manière qu'un fermier apporte au marché la récolte de ses champs, pour
remporter les objets fabriqués dans les ateliers de la
ville.

Le taux des salaires dépend du rapport entre l'offre et
la demande. Dans les pays anciens et très-peuplés, l'offre
excède presque toujours la demande, d'où il résulte que
les salaires sont peu élevés ; dans les nouvelles colonies,
la demande excède l'offre et les salaires s'élèvent. Les colons choisissent toujours des pays inhabités ou très-peu
peuplés. Cette circonstance y rend l'offre du travail plus
rare, tandis que la demande d'ouvriers pour cultiver la
terre, afin d'en envoyer les produits à la mère-patrie, y

est plus grande. Les ouvriers sont tout disposés à émigrer d'un pays où les salaires sont bas et la vie chère, dans un autre où les salaires sont élevés et la vie à bon marché. La terre, y étant abondante, est à bas prix et il est facile d'y devenir propriétaire. D'un autre côté, les possesseurs d'un faible capital, qui leur permet à peine ces dépenses dont leur position sociale leur fait un besoin, sont tout portés à émigrer dans une colonie où le nécessaire est sous leur main, où nul besoin factice ne les assiége, où finalement ils peuvent espérer un avenir de richesse. C'était l'Etat qui, à Carthage, envoyait directement les colons au dehors ; et en effet, il vaut toujours mieux que le gouvernement de la mère patrie dirige l'établissement d'une colonie. Il faut explorer les ressources d'un pays neuf, déterminer les endroits où seront bâtis les villes et les bourgs, tracer avec soin le plan des routes et autres moyens de communication. De telles dispositions ne peuvent être laissées au caprice des individus ; quels obstacles matériels à la prospérité coloniale que des villes mal bâties et des routes mal faites !

C'est une erreur de penser qu'en fondant une colonie, on doit y envoyer la partie la plus pauvre, la plus ignorante, la plus dénuée de la population. Si vous envoyez des gens qui n'ont pour nourriture habituelle que du petit lait et des pommes de terre, et qui logent avec les pourceaux, ils ne travailleront que jusqu'à ce qu'ils aient acquis ces maigres jouissances auxquelles ils ont été accoutumés chez eux. Mais si vous y envoyez au contraire des hommes dont les besoins sont plus développés, qui ne se passent ni d'une cuisine, ni d'un salon bien meublé, ni de deux ou trois sortes de vêtements, et qui aiment à voir le dimanche leurs femmes et leurs enfants convenablement parés, ces hommes feront progresser la colonie beaucoup plus rapidement que les autres, non-seulement par leurs connaissances supérieures et le petit capital qu'ils auront apporté avec eux, mais encore par le désir du confortable qu'ils aspirent énergiquement à satisfaire. Et c'est de la mère-patrie qu'ils tireront ces objets de luxe que ne peut produire aussi économiquement la colonie. Les meilleurs colons sont donc ceux qui sont assez pauvres pour être stimulés à travailler avec ardeur, et en même temps assez riches pour avoir des habitudes de confortable. Leur passion pour le bien-être les forcera de concourir aux progrès de la colonie, et en même temps fera prospérer les manufactures de la métropole en fournissant un supplément de travail à ses ouvriers. J'espère que toutes ces considérations vous auront expliqué comment l'établissement de colonies est un moyen d'étendre le commerce.

4° Le commerce s'étend par l'accumulation du capital.

Le capital d'un négociant est l'instrument dont il se sert pour faire ses affaires. L'étendue de ses affaires est proportionnée au capital qu'il peut leur consacrer. Cette proposition est aussi vraie lorsqu'elle s'applique à une collection d'individus qu'à un seul. Un pays où abonde le capital peut donner plus d'extension à son commerce qu'un pays qui en a moins. On augmente le capital par l'industrie et l'économie. Un négociant doit commencer par faire un bénéfice, et alors se servir d'une partie de ce bénéfice comme moyen de production. Le bénéfice ainsi employé produit encore un autre bénéfice, qui est employé à son tour comme capital. Ainsi le capital est le produit des épargnes faites sur les bénéfices, et de nouveaux bénéfices naissent de ces épargnes. Le capital est employé à acheter les matières premières, à construire les machines, à payer les salaires. Plus un manufacturier peut acheter de matières premières, plus il peut monter de machines, plus il peut employer d'hommes, plus ses affaires prennent d'extension. Le capital d'un pays consiste dans la somme de ses produits bruts, soit qu'ils proviennent de ses mines, de ses pêcheries, de son sol et de son bétail ; dans le nombre de ses manufactures ou machines qui transforment ces produits bruts selon le vœu des consommateurs ; dans le nombre de ses vaisseaux, dans la quantité du numéraire ou des denrées qu'il peut appliquer au paiement des salaires. Ses exportations se proportionnent à la somme de toutes ses richesses, et ses importations se proportionnent à ses exportations.

L'accumulation du capital permet à un pays exportateur de faire de longs crédits. On dit que c'est par ce moyen que les négociants anglais se sont emparés des marchés étrangers. Les marchands des autres pays, étant comparativement pauvres, sont obligés de vendre au comptant ou du moins à court terme ; tandis que le négociant anglais peut, sans se gêner, accorder un long crédit, pourvu qu'il sache que son capital lui reviendra définitivement avec un bénéfice raisonnable. Il résulte de là que l'importateur étranger de marchandises anglaises peut les vendre et en recevoir le prix avant d'avoir à payer le manufacturier anglais. C'est pour le premier une facilité d'étendre son commerce. De même, si un manufacturier vend à un détaillant à crédit, celui-ci peut vendre au moins une partie des marchandises et en recevoir le prix pendant le terme que lui accorde le manufacturier. Cela permet au détaillant d'avoir un plus grand fonds de marchandises et de faire plus d'affaires que s'il devait payer tous ses achats au comptant. La longueur des crédits n'est pas, dans un pays, la preuve que le capital y manque ; tout au contraire, c'est une preuve de l'abondance du capital. C'est cette abondance qui permet au négociant de faire crédit, et ses correspondants qui l'obtiennent possèdent généralement quelque capital, au moyen duquel, à leur tour, ils peuvent accorder un crédit plus étendu. Quand nous disons, en manière de reproche, que telle personne use trop du crédit, nous voulons dire qu'elle a l'habitude de demander un plus long crédit qu'on ne le fait d'ordinaire dans son commerce, ou qu'elle demande du crédit quand il est d'usage de payer comptant, ou qu'elle se procure de l'argent par des billets de complaisance ou d'autres valeurs fictives.

Dans tous les pays où le capital s'est accumulé, il y a des personnes qui se vouent à la profession de capitalistes. Elles ne font pas précisément le commerce, mais elles fournissent aux marchands et négociants, dans une certaine mesure, le capital dont ils peuvent avoir besoin accidentellement ou périodiquement; ce sont les banquiers. Leur tâche est d'économiser le capital national, d'augmenter la rapidité de sa circulation, et, par là, de le rendre plus productif. Dans une contrée où il n'y a pas de banque, un marchand ou négociant doit toujours conserver une certaine somme d'argent pour faire face à des demandes imprévues. Mais si une banque vient à s'établir, il n'a plus besoin de conserver cette somme. Il peut consacrer au négoce tout son capital; et s'il avait besoin d'un prêt temporaire, il l'obtiendrait de la banque au moyen de l'escompte. De cette manière, le capital productif du pays est augmenté. Le banquier est un dépositaire des capitaux; il est comme ces rouages d'une machine, qui reçoivent ou transmettent la force, selon que l'occasion le réclame; et c'est ainsi qu'il fait fonctionner plus régulièrement et plus utilement le mécanisme commercial.

Les banquiers ne sont pas seulement des prêteurs de capital, on peut dire qu'ils en trafiquent. Ils empruntent à ceux qui désirent prêter; ils prêtent à ceux qui désirent emprunter. Leur manière d'emprunter consiste d'ordinaire en ce qu'ils reçoivent des dépôts. Non-seulement les négociants, mais encore les personnes qui ne sont pas dans les affaires, les nobles, les fermiers et autres, conservent habituellement de petites sommes d'argent pour les dépenses courantes. Lorsqu'une banque s'établit dans le voisinage, ils déposent ces sommes d'argent chez le banquier, en stipulant un intérêt. Séparément, elles sont peu de choses; mais réunies, elles forment une somme considérable dont le banquier se sert pour accorder des facilités au commerce et à l'industrie. Ainsi ces petits ruisseaux forment une puissante rivière qui fait mouvoir les roues des manufactures et tous les appareils de l'industrie. Les banquiers se font aussi de leur propre crédit un capital. Ils émettent des billets, promettant de payer au porteur certaine somme à présentation. Tant que le public veut bien accepter ces billets comme de l'argent, ils produisent à un certain point les mêmes résultats. Le banquier, qui, par ces billets, fait des avances à l'agriculteur, au manufacturier ou au négociant, stimule autant les puissances productives du pays et fournit autant d'occupation aux ouvriers que s'il avait créé, au moyen de la pierre philosophale, une somme d'or égale au montant habituel de ses billets en circulation. C'est là le côté de notre système de banque qui a été le plus souvent attaqué. Il a été appelé un système de crédit fictif, une bouffée de vent, une fumée. Appelez-le comme il vous plaira, nous ne nous querellerons pas sur les mots; mais, quelque nom que vous lui donniez, c'est un instrument puissant de production. Si c'est un système de fiction, ses résultats ne sont pas fictifs, car ils permettent de nourrir, de vêtir et d'occuper une nombreuse population. Si c'est un souffle de vent, ce vent est assez fort pour porter vers des marchés éloignés les produits de notre sol, et apporter sur nos côtes les produits de tous les climats. Si c'est une fumée, elle est l'égale de la vapeur qui met en branle tant de puissantes machines pour ajouter à la grandeur des nations et à leur richesse.

Ainsi un banquier augmente de trois manières la puissance productive du capital : d'abord il économise le capital déjà en activité ; secondement, par le système des dépôts il met en circulation celui qui restait improductif ; troisièmement, par l'émission des billets, il crée virtuellement du capital en y substituant du crédit.

Les banques développent la prospérité d'un pays, principalement en augmentant la masse du capital et sa vertu productive. Il n'est pas, dans les annales du commerce, de vérité mieux établie que celle-ci : à mesure que le capital d'un pays augmente, l'agriculture, les manufactures, le commerce et l'industrie fleurissent, et leur déclin suit pas à pas la diminution du capital. L'homme qui tente d'anéantir une portion quelconque du capital de son pays n'est pas moins oublieux de ses propres intérêts qu'un meunier essayant de tarir le cours d'eau auquel il doit le mouvement de son moulin, ou qu'un agriculteur s'efforçant d'intercepter le soleil et la pluie qui fertilisent ses champs.

On dit que les Phéniciens ont été les premiers inventeurs de la monnaie ; quelques écrivains attribuent cet honneur aux Lydiens. Nous avons déjà précédemment exposé que le numéraire en circulation chez les marchands, du temps d'Abraham, était de l'argent en barres ou en morceaux portant quelque marque ou estampille, qui en indiquait la qualité et le poids, et que cette marque était apposée par les marchands phéniciens. Par une transition facile on arriva à couper ces barres en plus petites pièces, en continuant d'y insculper leur valeur et le pays qui les avait émises. L'émission de ces pièces de monnaie dut bientôt tomber dans les attributions du gouvernement, qui fixa lui-même la valeur pour laquelle elles devaient avoir cours.

Il existe encore, dans notre musée britannique, des monnaies de Tyr, en argent et en cuivre. Elles portent la figure du dieu Melkart ou Hercule, le même que l'Ecriture appelle Baal et qui sans doute représentait le soleil. Quelques monnaies phéniciennes portent la figure du poisson qui

fournissait la célèbre couleur pourpre. On dit que le gouvernement de Carthage émit de la monnaie de cuir et la
fit accepter. Il serait d'un grand intérêt de savoir à quel
propos cette monnaie fut mise en circulation, comment en
fut réglée la valeur, et si, par ses propriétés et ses résultats, elle avait quelque analogie avec le papier-monnaie des
temps modernes.

Lorsque le capital s'est accumulé dans un pays, beaucoup
de personnes y deviennent prêteurs d'argent ou bailleurs
de fonds. Les banquiers ne sont pas les seuls qui, ayant de
l'argent, veulent en tirer parti, non pas en trafiquant eux-
mêmes, mais en le prêtant aux commerçants. On dit que
les Carthaginois pratiquaient cette transaction spéciale,
qui consiste à prêter de l'argent à la grosse aventure, c'est-
à-dire garanti seulement par le navire. Une personne qui
avait un vaisseau, et avait besoin d'argent pour acheter
une cargaison, pouvait emprunter à un de ces bailleurs de
fonds, en affectant le corps du bâtiment à la garantie du
prêt. Quand le vaisseau revenait, le remboursement avait
lieu. Le prêteur n'avait aucun intérêt dans la cargaison,
mais il avait le vaisseau en nantissement éventuel, que
l'entreprise réussît ou non. Ce genre d'affaires se fait encore de nos jours ; un vaisseau peut être hypothéqué
comme une propriété, et il est pris note, sur des livres
authentiques, de la somme avancée.

Le capital est encore rendu plus productif par les associations. Il serait bien souvent très-utile à un négociant
qu'il pût être à deux endroits à la fois. Or, si une maison
de commerce se compose de deux ou trois associés, ces
associés peuvent être à la fois à des endroits éloignés les
uns des autres et surveiller ainsi beaucoup mieux les intérêts de la maison. Au moyen de la division des occupations en plusieurs branches, dont chacune est surveillée
par un associé, les affaires peuvent prospérer comme si
l'établissement appartenait à un seul individu doué de

l'ubiquité. Un associé peut diriger les opérations de la ville, un autre celles de la campagne ; celui-ci la fabrication, celui-là la vente ; l'un s'occupe des livres, l'autre du magasin ; et, grâce à cette division du travail, chaque branche de commerce est constamment surveillée par l'œil du maître. Autre avantage : en discutant leurs affaires entre eux, ils les conduisent avec plus de discernement. Les notions spéciales d'un seul peuvent profiter à tous ; un caractère aventureux sera contenu par un caractère flegmatique, et l'insouciance aura pour contre-poids la prudence.

Mais le grand avantage qu'offrent les associations gît surtout dans l'accumulation plus prompte du capital : un grand établissement permet une plus grande division du travail et rend les frais proportionnellement moins considérables ; une maison qui compte plusieurs associés a droit à plus de crédit ; elle inspire plus de confiance en son honneur et son intégrité. Il est très-rare qu'une telle maison de commerce fasse une faillite malhonnête.

Les compagnies par actions sont des sociétés dont les membres sont en grand nombre. Les associés étant nombreux, l'administration est nécessairement confiée à quelques-uns d'entre eux qui sont nommés directeurs. Ces compagnies sont très-utiles, et souvent même indispensables, dans les opérations qui demandent un capital considérable, comme lorsqu'il s'agit de peupler une nouvelle colonie, d'alimenter une ville d'eau ou de gaz ; ou encore dans les affaires si hasardeuses que personne ne voudrait en courir seul les risques, comme l'exploitation des mines ; ou enfin celles encore qui, pour obtenir du succès, ont besoin de la confiance de tout le public, comme les banques, les assurances sur la vie ou contre l'incendie. Dans ces circonstances et dans quelques autres, les compagnies par actions ne peuvent être remplacées par l'industrie individuelle. Mais dans la production ou la vente des objets destinés à la consommation générale, une compagnie, à notre avis, ne peut soutenir la concurrence avec une entreprise particulière. Le prix auquel un article est vendu est déterminé par les frais de production ; or l'expérience prouve que, sur les denrées, le prix de revient des compagnies excède le prix de revient ordinaire ; ce qui revient à dire, en ce cas, que les entreprises particulières lutteront toujours avec avantage contre les compagnies.

Nous voyons donc que l'histoire de Tyr et de Carthage nous enseigne, ainsi que nous l'avons annoncé en commençant, que le commerce s'étend par la marine, les manufactures, les colonies et l'accumulation du capital. Nous nous occuperons maintenant du caractère commercial des Carthaginois.

1° Les Carthaginois avaient un grand amour de la justice. Il était passé chez eux en maxime que, lorsqu'un citoyen avait souffert un dommage, la société était tenue de le réparer.

Plus les nations sont commerçantes, plus leurs relations sont loyales. C'est une vérité historique ; car, voyez les nations à moitié civilisées, et qui n'ont aucune idée du commerce, leur dissimulation, leur perfidie, leurs fraudes sont devenues proverbiales. Mais quand les habitants d'un même pays ont les uns avec les autres des rapports d'affaires, ils acquièrent évidemment des notions exactes sur les principes d'équité et le droit de propriété ; la voix publique condamne chez eux les fausses balances et les faux poids, les fausses évaluations et les prix exorbitants. Cette même voix proclame que vous violez la justice quand vous donnez à vos ouvriers moins de salaires qu'il ne leur en est dû ; quand vous tirez avantage de l'inexpérience ou de la maladresse de vos clients ; quand vous les trompez sur la qualité de vos marchandises ou quand vous ne remplissez pas vos engagements. Vous violez encore la justice et froissez la conscience publique quand vous vous livrez à des spéculations dont les bénéfices vous enrichiront, si elles sont heureuses, mais dont les pertes retomberont sur vos créanciers, si elles ne réussissent pas. Vous violez la justice quand c'est aux dépens d'autrui que vous entourez votre famille de bien-être, vos amis de soins hospitaliers et les pauvres de vos dons charitables. Une vertu qui ne peut être pratiquée qu'en violant la justice n'est plus une vertu.

C'est une grande erreur de penser que les fripons sont généralement habiles. Il est facile à un homme que l'on croit honnête d'obtenir un succès déloyal, en abusant de la confiance que l'on a mise en lui; mais aussitôt que son caractère est connu, il ne peut plus réussir, et l'habileté qu'il a déployée ressemble à celle de l'homme qui tua sa poule aux œufs d'or. La probité l'eût soutenu sa vie entière, et une mauvaise action le réduit à la pauvreté et à l'infamie. Aussi verrez-vous généralement les fripons être pauvres. Le nombre des fripons heureux n'est rien comparé à celui des hommes honnêtes qui réussissent, d'autant plus qu'un succès dû à la fraude crée à celui qui l'obtient des obstacles pour toute autre entreprise. Dans le livre des Proverbes, ce livre qui, outre son caractère sacré, contient les meilleures instructions sur les moyens de réussir en cette vie, le fripon est toujours appelé un insensé.

Mais si un homme est insensé d'espérer arriver à la fortune par des moyens déshonnêtes, il est encore bien plus fou s'il espère que la fortune ainsi acquise pourra lui procurer quelques jouissances. Des jouissances! est-il possible qu'un homme dans cette position y prétende? Quoi! des jouissances pour vous, qui avez acquis vos richesses par le mensonge, la fraude, les exactions, l'oppression.... Non, voici ce qui vous attend. Écoutez les dénonciations vigoureuses de tous les honnêtes gens! les terribles imprécations de ceux que vous avez ruinés, les reproches de votre famille dont vous avez déshonoré le nom, les accusations de votre conscience dont vous avez cru étouffer les cris, le tonnerre irrité du ciel dont vous avez outragé les lois. Ecoutez ! voilà les seules jouissances qui suivront votre fortune mal acquise : « Celui qui amasse des richesses par l'iniquité les perd au milieu de sa vie, et à la fin tombe dans la démence. »

Et maintenant je vous conseille de n'avoir jamais de rapport avec un homme que vous savez être un fripon, alors même qu'il vous offrirait un marché qui, pour l'instant, vous serait avantageux. Moralement, il est de votre devoir de l'éviter, mais c'est encore bien plus votre intérêt au point de vue pécuniaire ; car, croyez-m'en, quoiqu'il puisse vous faire gagner de l'argent au commencement, il arrivera à vous dépouiller. Encore une autre raison, c'est que votre réputation et même vos sentiments peuvent être en danger par ce contact. Si vous gagnez de l'argent avec un fripon, il est à craindre que vous ne vous sentiez disposé à excuser ses friponneries ; et, une fois que vous les aurez excusées, il y a toute chance que vous deveniez vous même un fripon à la première tentation.

2° Les Carthaginois avaient une grande considération pour la richesse.

Le désir d'acquérir des richesses est une vertu ou un vice selon le motif qui nous fait agir. Lorsqu'un homme aspire aux richesses pour se mettre en garde contre les éventualités de la vie et les infirmités de l'âge, pour établir sa famille honorablement dans le monde, pour augmenter ses moyens de servir ses amis ou son pays, pour pouvoir être plus charitable envers les malheureux, ou pour étendre l'influence de la religion ; ce désir est une vertu, et il a toute raison d'espérer qu'avec de la prudence, de la loyauté et du travail, ses efforts finiront par être couronnés de succès. Il est très-malheureux que les déclamations de certains moralistes, les tableaux de quelques poëtes aient accrédité cette idée que la richesse est incompatible avec la vertu et le bonheur, qu'ils ne pouvaient se trouver que dans une chaumière, et qu'à mesure que les hommes augmentent leur fortune, ils s'écartent de la simplicité et la droiture. Il est très-vrai que la pauvreté vertueuse a toujours droit à notre respect, et que la richesse associée au vice doit toujours être méprisée ; mais il n'est pas exact que la pauvreté soit plus que la richesse, favorable à la vertu. Il n'est pas vrai que la possession de la richesse honnêtement acquise ait aucune tendance à énerver les facultés intellectuelles, à corrompre les facultés morales ou à altérer le-bonheur de l'homme. C'est tout le contraire, c'est la pauvreté qui est la source de tous les crimes ; c'est la pauvreté qui oppose une barrière à l'acquisition de la science, c'est la pauvreté qui est la cause de toutes les calamités humaines. Si vous désirez augmenter la somme de vos connaissances, augmentez votre fortune : vous aurez plus de loisirs pour l'étude et serez plus à même de vous procurer les moyens de vous instruire. Si vous désirez augmenter votre vertu, augmentez votre fortune : vous aurez alors, avec une existence plus en vue, plus de souci de votre réputation et moins de tentations à subir. Si vous désirez augmenter votre bonheur, augmentez votre fortune : car vous aurez de plus nombreuses sources de jouissances, et vous vous donnerez plus aisément la jouissance suprème, celle de faire le bien. Loin de nous, donc, cette idée que la richesse est un mal. Si la richesse était un mal, l'industrie serait un vice, car l'industrie tend à produire la richesse. Si la richesse était un mal, le commerce serait abandonné ; car le commerce a pour but d'acquérir la richesse. Si la richesse était un mal, ces efforts qui sont faits tous les jours par la charité et le patriotisme, pour améliorer la condition des classes pauvres, ne mériteraient pas notre appui, mais notre haine. Mais la richesse n'est pas un mal. Elle est un véritable bienfait pour les nations comme pour les individus. C'est seulement alors que les nations deviennent riches, que les populations sont bien nourries et bien vêtues, qu'elles ont de saines habitations, élégamment meublées. C'est seulement alors que les villes ont de grandes et belles voies pour la circulation des voitures et des piétons ; puis ces divers appareils qui distribuent l'eau dans toutes les habitations et éclairent les rues pendant la nuit. C'est seulement alors que les famines sont moins fréquentes, les maladies épidémiques et contagieuses moins fatales, et que l'on crée des institutions pour venir en aide au malheureux et améliorer l'éducation du pauvre. C'est seulement alors, enfin, que les hommes ont plus de loisir pour l'étude, que la littérature prospère, que les sciences sont approfondies, que de nouvelles inventions sont faites, que les beaux-arts sont encouragés et protégés ; voilà les effets de la richesse. Personne n'a jamais agi d'après cette doctrine que la richesse était un mal, car elle est opposée au sens commun.

3° Le désir de la fortune était associé chez les Carthaginois à des habitudes de prudence et d'économie.

Le seul moyen d'augmenter le capital est l'épargne. Si vous dépensez autant que vous gagnez, vous ne serez jamais plus riche que vous ne l'êtes. Ce n'est pas ce qu'un homme gagne, mais bien ce qu'il économise qui forme sa richesse. Apprenez les deux premières règles de l'arithmétique ; apprenez l'addition et la soustraction. Ajoutez à votre capital actuel telle somme qu'il nous plaira ; retranchez-en la même somme, et dites moi si ce capital ne sera pas exactement ce qu'il était avant les deux opérations. Un marchand devrait, tous les ans, faire quelques additions à son capital. Vous me dites que vous gagnez peu, qu'importe ? dépensez moins que ce peu, et l'année prochaine vous gagnerez davantage, car vous aurez le revenu de la somme que vous aurez épargnée. L'homme qui dépense tout ce qu'il gagne et qui espère que, par quelque heureux hasard, il arrivera à la fortune, tombera plutôt dans la pauvreté ; car en cas de mauvaise chance, il n'aura aucune ressource ; tandis qu'avec de l'économie, il peut mettre de côté quelque chose pour les mauvais jours. Vous me direz que les temps sont mauvais, que les saisons sont mauvaises. J'admets que cela soit exact ; mais en fût-il autrement, le même résultat se produirait encore pour vous. Regardez dans votre intérieur ; vous dépensez plus que vous ne gagnez ; comment pourriez-vous ne pas être pauvre ? Combien de familles respectables sont tombées d'une belle position, qu'elles occupaient honorablement et dignement, pour avoir ignoré les quatre règles de l'arithmétique. Si les chefs de ces familles avaient su vérifier les comptes de leurs agents, de leurs marchands ou de leurs domestiques, s'ils avaient su comparer leurs dépenses et leurs recettes, et voir de quel côté penchait la balance, ils eussent évité tous ces malheurs. Une notion élémentaire des principes du commerce suffit pour nous enseigner que si un homme dépense plus qu'il ne reçoit, il tombera nécessairement dans la misère.

4° On dit qu'à Carthage les hautes fonctions de l'État n'étaient accessibles qu'aux citoyens pourvus de quelque fortune. Il faut nous souvenir que Carthage était une république et qu'il n'y avait pas d'aristocratie héréditaire ; de là vient que la richesse y était la principale distinction. Ce serait du reste une bonne règle que d'attribuer le pouvoir politique aux citoyens qui ont le plus d'influence matérielle dans l'État. Avoir un enjeu dans la partie, devrait être une qualité exigée de ceux qui gouvernent. Lorsqu'un homme riche accepte une fonction, sa fortune particulière ajoute à la considération attachée à sa position officielle. Le rang, le talent, l'éloquence, le savoir et la valeur morale sont très respectables, mais lorsqu'ils ne sont pas

6

entourés de la fortune, ils ont beaucoup moins d'influence sur les autres hommes. Ils attirent l'admiration ; mais c'est la richesse qui donne la puissance. Sans la fortune, l'influence attachée à de brillantes qualités est aussi éphémère que les parfums de fleurs détachées du sol. Il est vrai que le sol par lui-même ne nous charme guère. Souvenons-nous pourtant que c'est à ses propriétés que les fleurs doivent leurs parfums et leur vie. Ainsi, la richesse, qui par elle-même ne transforme pas l'homme, ajoute pourtant, lorsque son influence est purifiée, à la grandeur et à l'énergie des vertus publiques et privées. Elle donne un point d'appui plus solide au patriotisme, plus d'efficacité à la bienfaisance, et plus d'empire aux sentiments religieux. L'exemple d'un homme riche a beaucoup d'influence, et lorsqu'il marche dans la voie du patriotisme, de la philanthropie et du christianisme, il y a fort à espérer qu'il y sera suivi.

Faire de la fortune un acheminement aux honneurs a ce double avantage de rendre les hommes plus désireux de l'acquérir et ceux qui la possèdent plus soigneux de la conserver, dans la crainte d'être obligés d'abdiquer leurs titres. C'est une bonne maxime, et elle devrait avoir cours dans un état commerçant, celle qui dit : qu'un homme qui ne prend pas soin de ses affaires, ne doit pas bien faire celles des autres. Ceux qui occupent des positions élevées doivent être nobles, généreux, magnanimes, mais il ne faut pas être généreux au delà de ses moyens. L'homme qui a dépensé follement sa fortune à satisfaire une vaine ostentation, appelée à tort hospitalité, s'est efforcé d'atteindre l'ombre en laissant échapper le corps. Voilà pourquoi beaucoup sont nés riches qui meurent pauvres. A Carthage, l'on n'eût pas confié les trésors de l'État à celui qui aurait gaspillé sa fortune.

5° Les Carthaginois avaient du respect pour le commerce. Nul ne peut exceller dans sa profession s'il se croit au-dessus d'elle, et le commerce ne prospérera jamais dans un pays où il n'est pas honoré. Le commerce fleurit en Angleterre, parce que le négociant y était honoré et jugé digne des plus grands honneurs que son pays puisse conférer. Il ne prospéra jamais en France, parce qu'il y était méprisé et que le caractère du riche bourgeois fut toujours choisi par les auteurs dramatiques comme type du ridicule. Le commerce ne prospérera jamais dans un pays où les jeunes gens, dont les parents peuvent à peine faire convenable figure, croient au-dessous d'eux d'entrer dans un comptoir et préfèrent la réputation de flâneurs et de fumeurs. Il ne prospérera jamais dans un pays où l'on considère la fortune acquise par l'industrie comme méritant moins de respect que celle qui nous vient d'héritage. Il ne prospérera jamais dans un pays où les négociants, au lieu d'élever leurs fils de manière à en faire leurs successeurs, croient plus convenable de leur faire suivre les professions libérales. Il ne prospérera jamais dans un pays où les négociants, sitôt qu'ils ont gagné quelques milliers de livres, grâce à ce même commerce, désirent en sortir et se mêler au monde élégant. Qu'est-ce qui nous entoure de considération? Est-ce le savoir? et quelle profession en demande plus et de plus varié que celle du négociant? Est-ce notre utilité comme citoyen? Quelle est la classe qui a le plus de tendance à augmenter la richesse et le bonheur de l'État, si ce n'est celle des négociants? Est-ce le caractère moral? A qui est-il plus essentiel qu'au négociant qui, sans cela, n'inspire ni estime ni confiance?

C'est une chose très-regrettable de voir des gens qui ont réalisé quelque argent par le commerce s'en retirer eux et leurs capitaux et diminuer ainsi le capital commercial d'un pays. Comment expliquerez-vous cette manie? Vous dites que vous êtes indépendants; continuez, devenez riches. Vous dites que vous êtes riches; continuez, devenez plus riches encore. Plus vous aurez de fortune, mieux vous servirez votre pays et plus vous pourrez faire de bien. Vous dites que vous devenez vieux ; prenez un jeune associé : vous aurez le capital et l'expérience, que son apport soit le travail et l'activité. Vous dites que vous avez travaillé assez longtemps, que vous désirez vous retirer et vous donner un peu de jouissances. La retraite ne sera pas un bonheur pour vous ; pour un homme aux habitudes aussi actives, la solitude et la paresse n'auront aucun charme. C'est évidemment le moyen le plus sûr de vous rendre malheureux et d'abréger vos jours, que de choisir une position où vous n'ayez rien à faire. Mais vous dites que vous trouvez plus honorable de vous retirer des affaires, d'avoir une maison comme un grand seigneur et d'introduire vos fils et vos filles dans le beau monde. Oh! si c'est là votre motif, certainement vous avez raison. Si vous êtes devenu un si grand personnage que vous regardiez de toute votre hauteur vos affaires, plus tôt vous les quitterez, mieux cela vaudra. Je n'ai plus rien à vous dire.

QUATRIÈME LEÇON.

DU COMMERCE DES ANCIENS ROMAINS.

Origine de l'agriculture. — Traits caractéristiques des sociétés agricoles et commerçantes. — Agriculture des Romains. Influence de l'agriculture sur le commerce. — Guerres des Romains. Influence de la guerre sur le commerce. — Conquêtes des Romains. Influence d'un vaste empire sur le commerce. De l'esclavage chez les Romains. Influence de l'esclavage domestique sur le commerce de l'antiquité. Routes romaines. Transport des dépêches. — Banquiers romains. Numéraire. — Assurances maritimes et assurances sur la vie. — Caractère commercial des Romains.

Il n'est pas un peuple de l'antiquité que nous connaissions aussi bien que les Romains, pas un dont les idées et les mœurs aient plus d'analogie avec celles des temps modernes. Leur langue est entrée comme élément important dans la formation de la plupart des langues de l'Europe actuelle, et c'est elle encore qui a le privilége de commencer l'instruction de notre jeunesse. Rome nous a donné, en grande partie, nos principes de législation et nous a initiés à la littérature et aux sciences. Comme toutes les autres nations de l'antiquité, Rome commença avec une population et un territoire très-restreints. Nous voyons toujours, en remontant dans l'histoire de chaque peuple, qu'à l'origine c'était une agglomération de petites tribus ou clans, entièrement indépendants les uns des autres. Les chefs de ces tribus descendaient de quelques familles illustres. Quand un fils cadet devait émigrer, il emmenait avec lui les personnes de la suite de son père qui voulaient bien l'accompagner, et il allait s'emparer de quelque terres inhabitées ou en conquérir d'autres dont il chassait les premiers occupants. Ce fut ainsi que Rome fut fondée par Romulus, près de sept cents ans avant Jésus-Christ. Les Romains étaient grossiers, ne connaissant presque rien de la vie civilisée et encore moins des arts qui l'embellissent. Mais, quoique grossiers, ils n'étaient pas barbares. Ils avaient une résidence fixe, ils reconnaissaient le droit de propriété individuelle, ils avaient une forme déterminée de gouvernement, et ils savaient cultiver la terre. Adonnés à l'agriculture, ils employaient l'intervalle compris entre les semailles et la moisson à faire la guerre aux petites tribus dont ils étaient entourés. Quoiqu'ils eussent presque toujours l'avantage dans leurs combats, ce ne fut que très-lentement qu'ils parvinrent à acquérir leur immense empire. Du temps d'Alexandre le Grand, le territoire de Rome ne s'étendait pas beaucoup au delà des limites actuelles des États de l'Église.

Nous considérerons Rome sous trois points de vue :

1° Comme tribu agricole ;

6.

2º Comme nation guerrière ;

3º Comme vaste empire.

Ces trois points de vue correspondent assez bien avec les trois périodes de son gouvernement : républicain, royal et impérial, et ils nous fourniront l'occasion de vous montrer l'influence qu'ont, sur les intérêts du commerce, l'agriculture, la guerre et une domination étendue.

1º Nous allons étudier les Romains comme tribu agricole, et observer l'action de l'agriculture sur le commerce.

Nous savons que peu après la création du monde, le labourage et le pâturage étaient connus, puisque Abel était berger, et Caïn laboureur. Sitôt après le déluge, Noé planta la vigne, ce qui nous prouve que cet art était connu avant le déluge et qu'il fut communiqué par Noé à ses enfants. L'Égypte et Babylone, fondées par leurs descendants immédiats, devinrent remarquables par leur travaux agricoles. Les tribus qui se séparèrent du noyau échappé au déluge perdirent ce qu'elles savaient des arts de la vie civilisée et négligèrent l'agriculture ; mais dès qu'elles se trouvèrent en relation avec les colons de pays étrangers, le premier art qu'elles apprirent fut celui-là. D'autres tribus, éprises de la vie nomade, se mirent à élever des troupeaux, jusqu'à ce que, la population augmentant, il fallut se résigner à des demeures fixes et aux labeurs des champs. Les anciens patriarches étaient des bergers qui conduisaient leurs troupeaux partout où ils pouvaient trouver des pâturages et de l'eau. La vie pastorale est commerciale à quelque degré, puisqu'il faut que les bergers achètent les denrées que leur manière de vivre ne leur permet pas de produire.

Les Romains s'adonnaient à l'agriculture, et leurs chefs les plus illustres étaient quelquefois enlevés à la charrue. Les sénateurs demeuraient le plus souvent à la campagne et cultivaient la terre de leurs mains ; les plus nobles familles tiraient leur surnom de la culture de quelque sorte particulière de grains. Le plus bel éloge qu'on pût faire d'un citoyen était celui de bon laboureur ; et celui qui négligeait ses terres et ne les cultivait pas d'une manière convenable, était passible de la réprimande des censeurs. Il ne fut d'abord pas permis à un citoyen de posséder plus de terres qu'il ne pouvait en cultiver. Romulus en accorda à chacun deux acres. Après l'expulsion des rois, il fut accordé à tous les citoyens sept acres ; et pendant longtemps on continua de leur allouer cette même quantité dans la répartition des terres conquises.

Les populations agricoles, travaillant au grand air, possèdent nécessairement de grandes qualités physiques. Elles ont la force du corps et souvent aussi la fermeté d'âme ; ce qui les rend propres à endurer le travail et la fatigue. La conscience de nos forces nous donne le courage et un caractère ouvert. A notre époque même, les recrues de l'armée faites dans les districts agricoles sont toujours supérieures à celles que nous donnent les villes.

Les populations agricoles, étant disséminées sur une grande étendue de pays, ne possèdent pas les mêmes facilités de communication que les habitants des villes commerçantes. Elles sont ainsi moins au courant des nouvelles, elles ont moins de cette politesse superficielle de manières, et ne connaissent pas ce qu'on est convenu d'appeler le monde. Elles sont en même temps moins méfiantes et moins exposées à la contagion du luxe et des vices. Elles ont moins de goût pour les réunions nombreuses, et se distinguent par leurs vertus domestiques.

Chez les populations agricoles, la différence des rangs est bien distincte ; le propriétaire est supérieur au fermier, le fermier au manœuvre ; et les rangs sont, comme autrefois les castes, conservés d'âge en âge, dans les mêmes familles. Aussi les populations agricoles se distinguent-elles presque toujours par leur soumission à l'autorité, leur attachement aux anciennes familles et aux anciennes coutumes et leur aversion pour le changement.

Les populations agricoles attendent leur succès des saisons sur lesquelles les hommes n'ont aucune influence ; aussi comprennent-elles qu'elles dépendent d'un pouvoir supérieur, et sont-elles très-attachées aux pratiques reli-gieuses.

Toutes ces observations nous sont fournies par l'his-toire des premiers Romains.

C'étaient des hommes forts, athlétiques, d'un courage indomptable, et qui augmentaient cette force et ce cou-rage par une discipline sévère et un constant exercice. Ils avaient une grande simplicité de mœurs. Quelques-uns de leurs plus grands hommes ont quitté la charrue pour les gouverner temporairement ; et lorsque le pays ne ré-clamait plus leurs services, ils retournaient travailler aux champs. Les Romains se distinguaient par leurs vertus domestiques, leur fidélité conjugale, le soin qu'ils portaient à l'éducation de leurs enfants, et la discipline qu'ils exer-çaient dans leur intérieur. Ils étaient fort soumis aux autorités constituées. Cela explique comment subsista chez eux, pendant des siècles, cette odieuse distinction de *patricien* et de *plébéien*. Un consul romain disposait de plus de pouvoir, pendant son année de gouvernement, qu'aucun roi de l'Europe moderne. Si le peuple résistait quelquefois à ses gouvernants, c'était en vue du redres-sement de quelque grief, mais jamais pour les priver du pouvoir. Disons encore des Romains qu'ils honoraient d'un culte fervent leurs dieux immortels, et regardaient leurs serments comme sacrés. Tout augure qui leur pa-raissait un indice de la colère divine les remplissait d'ef-froi. Ils poussèrent l'esprit religieux jusqu'à ranger parmi les objets de leur culte les dieux des pays dont ils faisaient la conquête, et les mettre au rang de leurs propres divinités.

Nous allons retracer maintenant l'influence de l'agriculture sur le commerce.

Un pays agricole peut, même sans manufacture, faire un commerce très-étendu. S'il produit des aliments en trop grande abondance pour la consommation de ses habitants, ces produits surabondants peuvent-être exportés en échange des produits manufacturés des autres nations. Mais, d'un autre côté, comme la population tout entière de ce pays ne peut être employée à la culture de la terre, il y aura beaucoup d'individus qui se laisseront aller à l'oisiveté. Cette tendance à la paresse s'étendra sur ceux qui se livrent à l'industrie productive; et alors le sol ne sera pas suffisamment cultivé. Il en résultera, par conséquent, une grande misère, à moins que les bras inoccupés n'émigrent dans d'autres pays, en possession de manufactures ou de vastes terrains à cultiver.

L'agriculture fournit les matières premières des manufactures. Si un pays produit en abondance de la laine, on y pourra créer des manufactures de drap; si ce sont des bestiaux, on y pourra fabriquer des objets en cuir ou en corne; si c'est du bois de construction, on pourra y construire des bâtiments; si au contraire il produit du blé, on y pourra faire de la farine, de la bière, des spiritueux. Vous voyez que presque toutes les matières premières des manufactures nous sont données par l'agriculture.

L'extension de l'agriculture a pour effet d'abaisser les salaires des individus employés dans les manufactures ou dans le commerce. Les progrès que l'on fait en agriculture tendant à augmenter la quantité des aliments, et à diminuer évidemment leur valeur. La réduction sur le prix des aliments amène la réduction sur le prix du travail, et la réduction des salaires stimule la fabrication, soit en diminuant le prix des marchandises pour le consommateur, soit en augmentant le bénéfice du manufacturier. De toutes manières, vous voyez que l'agriculture a une grande influence sur le commerce.

Remarquez aussi qu'elle le favorise, à charge de réciprocité. C'est un tort de considérer les intérêts commerciaux comme opposés aux intérêts agricoles. Tout au contraire, ils s'harmonisent. Ce sont les deux roues de la même machine, et bien qu'elles puissent paraître se mouvoir dans un sens opposé, elles tendent, chacune à sa manière, à accroître la richesse publique ; et tout obstacle à la rotation de l'une entraverait bientôt le mouvement de l'autre.

2° Nous allons maintenant considérer les Romains au point de vue d'une nation guerrière et exposer l'influence de la guerre sur le commerce.

Les Romains faisaient de la guerre leur principale occupation. Par une discipline constante, ils acquirent la tactique, et par une pratique constante l'expérience. Les citoyens romains formaient une armée permanente et disciplinée, tandis que leurs adversaires n'étaient le plus souvent que de simples milices formées à la hâte, pour résister aux envahisseurs. Ils cherchèrent de tous temps à étendre leurs connaissances en stratégie, empruntant même à leurs ennemis toutes les améliorations faites dans les armes. Leur courage dans les combats n'était pas moins remarquable que leur force d'âme dans la défaite. Ils ne faisaient jamais la paix lorsqu'ils étaient vaincus. Leurs institutions sociales étaient favorables à leurs tendances militaires. Comme un consul romain ne pouvait exercer cette fonction que pendant un an, il désirait ardemment distinguer son consulat, et il ne le pouvait mieux que par une guerre heureuse. La prudente politique de leur gouvernement était encore une cause de succès pour les Romains. Lorsqu'ils faisaient la conquête d'un pays, ils l'incorporaient au leur ; accordaient aux principaux habitants le privilége des citoyens romains, et permettaient que les peuples se gouvernassent par leurs propres lois, se réservant seulement le pouvoir de faire des lois nouvelles et de prononcer sur l'application de la peine capitale.

Lorsqu'ils faisaient la guerre à un pays éloigné, ils commençaient par s'assurer du bon vouloir des populations voisines. Quand deux nations se querellaient, ils venaient en aide à la plus faible: de même qu'au sein d'une nation en proie à la guerre civile, c'est le parti le plus faible qu'ils appuyaient toujours. Ils prêtaient toujours leurs concours à leurs alliés pour faire la guerre à leurs adversaires ; et finalement, on voyait les deux parties belligérantes se soumettre docilement à leur empire. Ce fut grâce à leur persévérance dans ce système que la puissance romaine prit graduellement une si grande extension.

Pour maintenir l'esprit martial chez le peuple, il était d'usage de décerner un triomphe au général qui revenait vainqueur.

Rien n'était mieux fait pour captiver l'imagination que cette cérémonie du triomphe. On élevait un arc splendide sous lequel devait passer le cortége ; les rues étaient jonchées de fleurs dont les parfums embaumaient l'air ; les citoyens accouraient en foule pour acclamer le guerrier vainqueur ; devant lui étaient portées les dépouilles qu'il avait conquises sur ses ennemis ; puis venaient les plus illustres captifs qui avaient été forcés de se soumettre à sa vaillance ; et enfin, dans un char découvert, le héros luimême vêtu de pourpre et couronné de laurier. Le patriotisme chantait ses louanges, la beauté le saluait de ses plus doux sourires, la musique versait pour lui des flots d'harmonie, et la religion même couvrait les autels des plus précieuses offrandes pendant que des nuages d'encens s'échappaient des temples et s'élevaient dans les airs.

Mais détournons les yeux et portons-les sur le pays conquis. Les champs sont incultes faute de bras ; ses hommes faits et ses jeunes gens sont tombés sur le champ de bataille ; ses vieillards, qu'on avait placés à la défense des murailles, ont été massacrés dans l'assaut ; ses princes et ses héros, ceux qui ont échappé au glaive, ont été chargés de chaînes et conduits en esclavage sur des terres étrangères. Les statues et les tableaux, ornements de ses palais et de ses temples, ont été enlevés pour grossir les dépouilles du vainqueur. Ses villes sont brûlées ; et, maintenant, au milieu des ruines sous lesquelles couve encore le feu, on ne voit plus que des femmes désolées pleurant ceux qu'elles ont aimés, et des enfants demi-morts de faim, demandant la cause de ces larmes.

Ici nous n'avons pas à examiner si la guerre est conforme à l'humanité ou à la politique. Notre tâche est de retracer l'influence qu'elle a sur le commerce.

La guerre et le commerce ont le même but : le désir d'arriver à la possession de ce que nous n'avons pas. Mais, bien que le but soit le même, les moyens sont tout différents. La guerre s'écrie : « Voyez les habitants de ce pays lointain ! Ils jouissent de ces objets d'agrément et de luxe que ne produit pas notre patrie. Nous sommes plus forts qu'eux ; allons les vaincre et nous emparer de leur territoire. » — « Non, dit le commerce, si leur pays produit des denrées que le nôtre nous refuse, notre pays, à son tour, en produit d'autres que le leur ne donne pas ; prenons donc nos denrées, dont nous avons une trop grande abondance pour nos besoins, et offrons-les en échange de celles que nous désirons. De cette manière, nous éviterons l'injustice d'une querelle et les dangers d'une défaite ; nous obtiendrons en abondance tous les moyens de satisfaire nos besoins et nous travaillerons au bonheur des autres nations aussi bien qu'au nôtre. » — Ainsi parle le commerce ; et, grâce à lui, nous pourrons être aussi largement pourvus des productions du monde entier, que si, l'ayant conquis par l'épée, nous avions forcé tous les habitants à travailler pour notre satisfaction. Mais malheureusement les hommes ont préféré la guerre au commerce, et les avantages certains que l'on pouvait en retirer ont été sacrifiés aux entreprises toutes de hasard de la guerre.

Tout en soutenant pourtant que l'esprit de la guerre est contraire à celui du commerce, il ne faut pas croire que nous voulions dire que les nations commerçantes soient moins capables que les autres de faire la guerre. Leur éloignement pour les combats ne vient pas d'un manque de courage, mais d'une disposition pacifique et d'un sentiment de justice. Elles ne sont entraînées ni par l'amour de la gloire, ni par le désir de la vengeance. Elles prennent la question à un point de vue d'utilité ; elles examinent le compte du *doit* et celui de l'*avoir*, et calculent par avance ce qu'elles gagneront à une guerre. Mais une fois qu'elles sont forcées de tirer l'épée, les nations commerçantes ne sont pas des ennemis à dédaigner. Voyez l'ancienne Tyr qui, pendant treize ans, résista aux forces de Babylone, conduites par Nabuchodonosor ; la nouvelle Tyr, cette ville bâtie sur un roc, qui, pendant sept mois, arrêta les progrès d'Alexandre le Grand. Voyez Carthage qui pendant plus d'un siècle lutta avec Rome ; et arrivant enfin à l'histoire moderne, voyez les guerres de Venise, de Gênes, de la Hollande et de l'Angleterre ! et dites-moi si les nations commerçantes se sont montrées si dépourvues de cette valeur et de ce génie belliqueux qui conduisent à la victoire. N'est-il pas remarquable aussi que la ville commerçante de Corinthe fournissait de si excellents commandants militaires, que même les autres villes de la Grèce préféraient les généraux Corinthiens à leurs propres concitoyens ? Et ne devons-nous pas penser que ce sont les vertus commerciales, la prévoyance, le

calcul, la promptitude, l'esprit de conduite et de persévérance qui, unies à la connaissance de la tactique militaire,
étaient la base de leurs succès ?

Mais, bien que les nations commerçantes aient été
quelquefois forcées de faire la guerre, et l'aient le plus
souvent soutenue avec honneur, néanmoins la guerre est
préjudiciable au commerce.

La guerre nuit au commerce en consommant d'une manière improductive une partie du produit de la terre et
du travail de l'homme. Le capital, qui est converti en
matériel de guerre, pouvait servir au progrès industriel
et commercial. Le travail et le capital, qui ont servi à
construire des fortifications, auraient pu être employés à
établir des manufactures, des entrepôts, des ports, des
ponts ou de commodes habitations pour les habitants. Ce
qui est dépensé en canons et en mousquets aurait servi à
faire des voies ferrées ; les aliments, les vêtements distri-
bués aux soldats auraient entretenu des laboureurs et des
artisans ; et ces mêmes hommes, qui sont occupés tous
les jours à faire l'exercice ou à se battre, auraient cultivé
la terre, travaillé à la fabrication de produits utiles, ou à
leur transport. Ce qui est vrai d'un individu l'est d'une
nation : si j'emploie 600 hommes pour labourer mes terres,
j'ai le bénéfice du travail de ces 600 hommes, mais si je
suis obligé d'en employer 200 à défendre les 400 autres,
il ne me reste plus que le fruit du travail de ces 400 hommes, et encore faut-il en déduire l'entretien des 200 dont
le travail est tout à fait improductif. C'est ainsi que la
guerre retarde nécessairement l'accumulation du capital
national.

La guerre est encore préjudiciable au commerce en em-
pêchant les habitants d'acheter des marchandises étrangères. Puisqu'une certaine quantité du capital national
est absorbé par la guerre, il en reste moins entre les mains
des habitants, ce qui diminue évidemment leur bien-être.

Un homme qui doit payer un surcroît d'impôt a moins d'argent pour subvenir aux besoins de sa famille. De là vient que la demande des objets de luxe diminue lorsque l'on est en guerre.

La guerre est encore préjudiciable au commerce par les obstacles qu'elle oppose au transport des marchandises. Les nations qui sont en guerre cessent toute relation, et elles perdent ainsi les avantages qui y étaient attachés. Le commerce avec les nations neutres est aussi suspendu. Les vaisseaux doivent être convoyés; le taux des assurances augmente; le prix des produits s'élève pour les consommateurs, proportionnellement à toutes ces charges nouvelles; puis les prix élevés font diminuer la consommation, et, par contre-coup, la production.

La paix, au contraire, est tout à fait favorable au commerce. Au lieu d'être employés sur les vaisseaux de guerre, les marins le sont alors sur des vaisseaux marchands; les soldats sont employés à la charrue ou aux métiers; le capital qu'on aurait dépensé pour la guerre sert à l'industrie et au commerce; les taxes sur l'industrie sont diminuées, et par-dessus tout, l'intelligence et l'énergie, qui étaient consacrées à découvrir de nouveaux moyens de destruction, se dirigent maintenant vers la culture des arts et des sciences. Voyez combien les officiers de marine sont plus utiles à la société lorsqu'ils inventent des canots de sauvetage, qu'ils construisent de nouveaux appareils pour les phares, ou qu'ils cherchent à découvrir le pôle Nord, que lorsqu'ils sont appelés à dépenser le sang et la richesse d'un pays dans une guerre, fût-elle même la plus honorable et la plus heureuse!

3° Nous allons maintenant étudier Rome au point de vue de l'action d'un vaste empire sur le commerce.

Les conquêtes des Romains finirent par être utiles même aux nations conquises. Ils les civilisèrent, y introduisirent les arts et les sciences, établirent des routes,

construisirent des ponts, bâtirent des villes et des aque-
ducs, étendirent et perfectionnèrent la culture du sol. En
tout ceci, du reste, ils travaillaient pour eux , puisque
la taxe imposée aux pays conquis était le plus souvent d'un
dixième et quelquefois d'un vingtième du revenu. Un des
grands avantages des conquêtes romaines fut la diminution de la guerre. Avant leurs conquêtes, la Grèce, l'Italie,
l'Espagne, la Gaule et la Bretagne, les nations les plus
barbares et les plus civilisées, se divisaient en un grand
nombre de petits Etats indépendants et qui étaient perpé-
tuellement en guerre les uns contre les autres ; mais
lorsque tous ces Etats furent réunis sous la domination
romaine, leurs débats domestiques et internationaux cessèrent. Quoique Rome fût un maître despotique, elle n'é-
tait pas tyrannique. Elle délivra les peuples de l'Asie de
l'oppression de leurs monarques, et les peuples de l'Ouest
de celle des Druides. Quelquefois même, des nations indépendantes demandèrent à se mettre sous la protection de
Rome. La douceur de l'autorité romaine nous est prouvée
par le peu d'insurrections qui eurent lieu dans les pays
conquis ; et encore ne méritent-elles aucune attention, si
ce n'est celles de l'Espagne et de la Bretagne, fomentées
par les Druides. L'armée romaine ne comptait pas moins
d'un demi-million d'hommes, placés sur les frontières, à
la défense de l'empire contre les invasions des barbares,
et ce fut, du reste, une force étrangère, et non une in-
surrection intérieure qui renversa l'empire romain. Il était
si solidement enraciné dans les affections et les mœurs
des peuples que les folies et les vices des empereurs ne
parvenaient pas à le dissoudre, jusqu'à ce que vinrent les
barbares qui le frappèrent au cœur.

Les Romains conservèrent la Grande Bretagne pendant
366 ans, l'Espagne pendant 785 ans, et la Gaule pendant
425 ans, ce qui nous est un indice que les peuples n'é-
taient pas trop malheureux sous la domination romaine.

Quelques écrivains pensent que l'Europe était plus peu-
plée et mieux cultivée du temps des Romains que de nos
jours. Dans cette comparaison, ne sont pas comprises
l'Allemagne et les contrées septentrionales que ne purent
jamais soumettre les armées romaines; mais on dit que
l'Italie avait 1,197 villes, la Gaule 1,200, l'Espagne 360,
l'Afrique 300, l'Asie 500, et nous savons aussi que An-
tioche et Alexandrie rivalisaient avec Rome.

Au temps d'Auguste, l'empire était borné à l'ouest par
l'Océan atlantique, au nord par le Rhin et le Danube, à
l'est par l'Euphrate, et au sud par les déserts de l'Arabie
et de l'Afrique. Bientôt il s'accrut de la Grande-Bretagne
et de la Dacie. Trajan conquit ensuite le royaume des
Parthes; mais cette conquête fut abandonnée par son
successeur Adrien. Ainsi, l'empire romain comprenait en
Europe la Bretagne, l'Espagne, la Gaule renfermant la
Belgique, la France, une partie de l'Allemagne et de la
Suisse. puis l'Italie, la Grèce et les îles de la mer Méditerranée ; en Asie, il comprenait toute l'Asie Mineure, la
Phénicie, la Palestine, la Syrie : en Afrique, l'Egypte et
toutes les côtes depuis l'Égypte jusqu'au détroit de Cadix.
Jamais aussi grand territoire n'avait été réuni sous un
seul gouvernement. Il avait près de 3,000 milles de long
et 2,000 milles de large. Nous allons maintenant montrer
de quelle manière un aussi vaste empire agissait sur le
commerce.

Il fut avantageux au commerce par le mouvement qu'il
imprima à la demande des objets de luxe.

Plus un empire est étendu, plus le degré de sa richesse
est élevé et plus est grand le nombre des hommes opulents. Nous lisons quelque part qu'il y avait des Romains
dont la fortune dépassait celle des plus riches citoyens de
notre époque. Et la possession de la richesse met à même
d'obtenir ces jouissances que nous nommons objets de
luxe.

Dans les premiers temps de Rome, l'Italie ne produisait rien à exporter. L'agriculture fournissait aux Romains le nécessaire, et ils n'avaient alors aucun goût pour le superflu. Mais après que la conquête les eût enrichis, ils aspirèrent à tous les plaisirs que procure la richesse. Leurs habitations, leurs vêtements, leurs aliments, leurs ameublements et leurs équipages étaient des plus somptueux. L'Italie fut convertie en jardins, si bien que même le blé, le fond essentiel de toute nourriture, venait des provinces. Les Romains achetaient ces marchandises, non pas en donnant en échange des produits agricoles ou manufacturés, comme le faisait Carthage, mais avec l'argent qu'on tirait des provinces elles-mêmes. Les revenus de la république étaient dépensés à Rome. Les hommes opulents avaient de grandes propriétés dans les provinces. L'argent envoyé à Rome comme tribut ou comme rentes était retourné aux provinces pour l'achat de leurs produits. Rome était approvisionnée de blé principalement par la Sicile et par l'Égypte ; elle obtenait l'ambre des barbares du Nord ; de Malte, elle tirait les draps fins ; des Indes orientales, les soies, les épices et les pierres précieuses ; de ses provinces, les produits de leurs mines, de leur sol, de leur climat ou de leur industrie. Ainsi, le commerce de Rome fut de tous temps un commerce d'importation. Elle recevait tout et n'exportait rien, — rien que le numéraire qu'elle tirait de ses provinces. Une grande partie de ses importations consistait sans doute en produits bruts ; car tous les hommes considérables avaient de grands établissements d'esclaves qui connaissaient l'art de fabriquer la plupart des objets d'un usage ordinaire. Les articles les plus coûteux et les plus élégants, à l'usage des riches, étaient importés des villes de province qui se distinguaient par ces productions.

Nous bornerons nos détails sur le luxe romain à celui de la table.

Le luxe de la table commença à peu près vers le temps de la bataille d'Actium et dura jusqu'au règne de Galba. Leurs mets les plus délicats étaient les paons, les grues de Malte, les rossignols, la venaison, les oiseaux sauvages et domestiques; ils aimaient aussi beaucoup le poisson. Il était de mode de servir à table une profusion de mets; on servait des sangliers entiers remplis de différents petits animaux et d'oiseaux de toutes sortes. Ce plat était appelé le cheval de Troie, par allusion au cheval de bois rempli de soldats grecs. Des volailles et gibiers de toutes espèces étaient servis en pyramides, entassés dans des plats aussi grands que des tables ordinaires. Marc-Antoine fit servir huit sangliers pour douze convives. Caligula servit à ses hôtes des perles de grand prix dissoutes dans du vinaigre. Lucullus avait un nom particulier pour chaque pièce de sa maison et chacune avait sa dépense fixée d'avance. Cicéron et Pompée consentirent à souper avec lui, pourvu qu'il ne commandât rien d'extraordinaire. Il ordonna simplement à ses serviteurs de préparer le souper dans la salle d'Apollon. Ses amis furent surpris de la magnificence du banquet; il leur raconta alors que lorsqu'il nommait telle ou telle salle, ses serviteurs savaient la dépense qu'il voulait faire. Toutes les fois qu'il soupait dans la salle d'Apollon, ce souper lui coûtait l'équivalent de 1,250 livres sterling. Il était également somptueux dans ses vêtements. Un préteur romain, qui devait faire représenter des jeux devant le peuple, demandait à emprunter cent robes de pourpre pour les acteurs, et Lucullus lui en offrit deux cents. L'ameublement des maisons romaines répondait à leur profusion en toutes choses. Pline nous assure que, de son temps, on dépensait souvent pour un seul repas plus d'argent qu'on n'en trouva dans Carthage entière, quand elle fut prise par les Romains.

Cet immense empire était encore favorable au com-

merce en ce qu'il faisait de Rome le centre des affaires de
ses colonies.

Toutes les villes capitales ont des relations de cette
sorte. Il existe généralement des facilités de communication plus grandes entre la capitale et les provinces, qu'entre une province et une autre. Ce qui fait que chaque
province envoie ses productions à la capitale, qui devient
le marché général des productions de toutes les provinces.
La capitale étant le lieu de rendez-vous général, les marchandises y rencontrent aussi un plus grand nombre d'a-
cheteurs. Ainsi à Londres vous pouvez vous procurer les
plus belles productions de Belfast, Leeds, Manchester,
Sheffield et Norwich. De même qu'on trouvait à Athènes
les produits de tous les Etats de la Grèce, on trouvait à
Rome en abondance tous les objets de luxe qui se fabriquaient dans l'étendue de l'empire.

Quoique Rome ne produisît rien à échanger contre ses
importations, elle faisait néanmoins un commerce considérable comme centre de communication entre ses provinces. Les habitants de la Gaule ou de l'Espagne achetaient
à Rome les produits de la Grèce, de l'Egyte ou de l'Inde,
et les habitants de la Grèce, de l'Asie et de l'Egypte,
y achetaient ceux des provinces occidentales. Par suite des
facilités de communication entre les provinces et Rome,
les habitants des provinces trouvaient plus commode d'é-
changer leurs produits surabondants par l'intermédiaire
des marchands romains que de trafiquer directement les
uns avec les autres. Toute grande ville située entre deux
districts qui produisent de différentes denrées fait des opérations de ce genre, et c'est aussi ce qui arrive aux ports de
mer. Rome n'était pas un port de mer, mais comme elle
était le centre d'attraction et de communication de toutes
ses provinces, elle devint leur marché et fit ainsi le commerce à la manière de Tyr et d'Alexandrie, avec cette seule
différence que Rome ne produisait rien pour l'exportation.

Le vaste empire romain fut encore utile au commerce en facilitant des relations directes entre les pays qui étaient sous sa domination.

Il n'est pas de contrée à laquelle certains avantages qui lui sont propres ne permettent, moyennant une somme quelconque de travail et de capital, de produire une plus grande quantité de telle ou telle marchandise que ne le pourraient d'autres pays avec la même dépense. Le climat de tel pays est favorable à la production de la soie et du vin ; tel autre produit le blé et le bétail ; un troisième renferme des mines de charbon, de cuivre et de fer ; un quatrième, d'immenses forêts. Or, il est d'intérêt général que chaque pays se livre à la production des denrées pour lesquelles il possède des avantages naturels et qu'il les échange contre les productions surabondantes des autres pays. Si les habitants d'un autre pays venaient à se dire : « Nous ne ferons pas de commerce ; nous produirons chez nous tout ce que nous consommons ; » il arriverait ceci : qu'ils produiraient mal quelques denrées qu'ils auraient pu se procurer meilleures, et qu'ils se donneraient en petite quantité bien des produits utiles ou agréables qu'ils auraient pu avoir en grande abondance ; et qu'en même temps ils se seraient fermé tout débouché pour celles de leurs productions qui excèdent leurs besoins.

Dans les temps anciens et modernes, il est arrivé souvent que quelques nations indépendantes ont agi de cette façon à l'égard de certaines marchandises. On a prohibé l'importation des produits étrangers afin d'encourager l'industrie nationale ; ou bien on les a chargés de droits ou taxes afin de mettre les produits nationaux à même d'entrer en concurrence avec les produits étrangers. D'un autre côté on a prohibé l'exportation de certains produits, dans la crainte qu'il n'en restât plus en assez grande quantité pour la consommation intérieure, ou que les au-

7.

tres nations n'en tirassent avantage. Aux époques ré-
centes, les nations ont été plus portées à placer des
prohibitions sur les importations que sur les exportations.

Mais quand des pays rivaux se réunissent sous un même
gouvernement et forment une seule nation, ils n'ont plus
de restrictions commerciales à redouter. Ce qui était un
commerce extérieur devient un commerce national. Alors
chacun de ces pays emploie son capital et son travail à la
production des denrées que les avantages physiques ou
acquis lui permettent de produire à bon marché, et dans
la plus grande perfection ; et il règne entre eux un libre
échange que ne peuvent interrompre ni la guerre, ni les
jalousies nationales, ni les tarifs hostiles. Il est bien évident qu'il est contre tous les intérêts du commerce que
la grande famille humaine soit divisée en un nombre
infini de petits États indépendants, et qu'au contraire,
il lui est avantageux que tous ces petits États se réunissent pour en former de plus grands. Si l'Allemagne
n'était qu'un seul royaume, il s'y ferait un bien plus
grand mouvement d'affaires ; si l'Italie ne formait qu'un
État, son commerce intérieur recevrait une vive impulsion ; si la France, l'Italie, l'Espagne, le Portugal et
l'Angleterre étaient réunis sous un même gouvernement,
comme du temps des Romains, les transactions qui ont
lieu entre ces contrées ne rencontrant plus d'obstacles ar-
tificiels, prendraient un merveilleux essor. Concluons de là
qu'un grand empire est favorable au commerce.

Maintenant que nous avons étudié les Romains comme
tribu agricole, comme nation guerrière et comme puissant
empire, nous allons prendre un aperçu de celles de leurs
institutions qui se rattachaient par quelques points au
commerce.

Parmi elles nous placerons : 1° l'esclavage domestique ; 2° le transport des hommes et des dépêches ; 3° les

lois relatives aux ventes et aux achats ; 4° les lois pour garantir la propriété.

1° Institution de l'esclavage domestique.

L'esclavage se retrouve dans toutes les nations de l'antiquité. Voici ce que nous savons de l'esclavage domestique chez les Romains.

Les hommes devenaient esclaves soit par le sort des armes, soit en punition de délits, soit par le hasard de leur naissance, lorsqu'ils étaient nés dans la servitude. Les maîtres avaient un pouvoir absolu sur leurs esclaves ; ils pouvaient les frapper et même les mettre à mort, selon leur bon plaisir. Pour infliger aux esclaves des châtiments corporels, on les suspendait en leur attachant des poids aux pieds, afin qu'ils ne pussent se mouvoir. Lorsqu'ils étaient condamnés à la peine capitale, on les crucifiait. Quand le chef d'une famille était assassiné dans sa maison, et que l'assassin n'était pas découvert, tous ses esclaves étaient menacés du dernier supplice. Nous en voyons, dans une seule famille, 400 mis à mort dans une semblable circonstance. Les esclaves n'étaient pas regardés comme des *personnes*, mais comme des *choses* dont la propriété passait de main en main, ainsi que toute autre marchandise. Ils ne pouvaient déposer comme témoins devant les tribunaux ; ils ne pouvaient ni tester, ni hériter, ni servir comme soldats, ni contracter de mariages réguliers.

L'influence de l'esclavage domestique était entièrement préjudiciable au commerce de l'antiquité.

La terre était cultivée par les esclaves ; les travaux industriels leur étaient aussi réservés. Tous les propriétaires avaient des établissements d'esclaves dont le travail leur fournissait la plupart des objets nécessaires à leur consommation. Quelquefois l'esclave vendait au profit de son maître les ouvrages qu'il avait fabriqués. Le commerce était fait en grande partie par des affranchis, la classe la

plus humble de la société. Il en résultait que le travail
manuel était regardé avec mépris. Il règne généralement
dans les pays à esclaves une grande aversion pour tout
travail, mais surtout pour celui que font les esclaves. Dans
les premiers temps de Rome, les travaux agricoles étaient
regardés comme très-honorables, et les plus dignes de
ses enfants travaillaient à la charrue ; mais lorsque ces
travaux devinrent le partage des esclaves, les citoyens
s'en abstinrent et Rome importa les céréales de l'étranger. Ce changement produisit des effets désastreux, car
les plus pauvres citoyens, ne voulant pas se livrer aux
travaux manuels, furent entièrement, lorsqu'ils n'étaient
pas engagés dans l'armée, à la charge de l'Etat, qui leur
allouait une certaine somme pour les soutenir. Si l'esclavage n'eût pas existé, ils fussent devenus des artisans :
mais parce que les états manuels étaient le lot des esclaves,
les citoyens se firent un point d'honneur de rester inactifs
et indigents.

Or là n'était pas le plus grand mal. Si encore ces citoyens avaient accepté paisiblement la bienfaisance publique, leur oisiveté n'eût pas été bien funeste ; mais les
riches citoyens, qui ambitionnaient les honneurs politiques, se servaient de cette populace pour atteindre leur
but. Ils conservaient toujours à leur solde un parti turbu-
lent capable de se porter à tous les excès pour soutenir
l'homme dont dépendait son existence, et par lequel ils
étaient toujours prêts à précipiter leur pays dans la guerre
civile. Ce fut seulement grâce à sa richesse que Crassus
parvint aux grands honneurs de l'Etat.

L'institution de l'esclavage forçait tous les citoyens à être
soldats. Quand bien même ils n'eussent pas eu de guerres
à soutenir, les Romains devaient apprendre l'usage des
armes, afin de contenir leurs esclaves. Un pays à esclaves
ressemble à un volcan endormi : une éruption peut surgir
à tout moment, et les citoyens doivent toujours être sur

leurs gardes. Un tel esprit est essentiellement nuisible au commerce. Et d'ailleurs, malgré l'esprit militaire, la position défensive d'un pays est affaiblie par l'esclavage. Dans un pays où tous les hommes sont libres, tous, en cas d'invasion, seront soldats : le tisserand quittera son métier, le marchand son magasin, le laboureur sa charrue ; tous voleront aux armes et combattront pour leur patrie. Mais un esclave n'a pas de patrie ; peu lui importe à qui restera la propriété du sol sur lequel il est condamné à travailler. On ne peut même pas l'appeler à défendre ses maîtres, ni lui confier des armes qu'il pourrait tourner contre eux. Ajoutons encore ceci : Les esclaves consomment moins que les hommes libres ; aussi les importations d'un. pays à esclaves seront-elles moins considérables que celles des autres pays. On ne leur permet ni le luxe ni l'aisance qu'ils pourraient se donner s'ils étaient libres. De même, ils produisent moins que les hommes libres ; aussi les exportations d'un pays à esclaves sont-elles peu étendues. Il est naturel à l'esclave de travailler le moins possible, puisque sa rémunération est toujours la même ; tandis qu'il est de l'intérêt d'un homme libre de travailler autant qu'il le peut, parce que son gain sera proportionné à son travail.

L'esclavage est un obstacle à tout progrès dans le mécanisme de la production. On sait que les industriels qui ont dépensé de grandes sommes d'argent pour la construction de mécaniques s'opposent toujours aux nouvelles inventions, de peur que les dernières ne diminuent la valeur des anciennes. De même, dans les pays à esclaves, les propriétaires n'introduisent pas de machines, parce qu'elles porteraient atteinte à la valeur de leurs machines vivantes. Quant aux esclaves, ils ne se donnent pas la peine d'inventer ; et s'ils le faisaient, leurs inventions mécaniques n'auraient aucune chance d'être adoptées. A tous ces égards, l'esclavage nuit au commerce.

2° Nous arrivons aux institutions qui ont rapport aux voyages et au transport des dépêches.

Le docteur Adams dit que les routes romaines furent de tous leurs ouvrages les plus magnifiques. Elles étaient construites à grands frais et avec le plus grand travail. Elles s'étendaient aux limites les plus reculées de l'empire, depuis les colonnes d'Hercule jusqu'à l'Euphrate et aux confins méridionaux de l'Egypte. La première route pavée par les Romains allait jusqu'à Capoue; elle continua plus tard jusqu'à Brundusium, ayant ainsi 350 milles. Elle était pavée de pierres les plus dures et si solidement jointes, qu'elle existe encore de nos jours en plusieurs endroits. Elle était assez large pour que deux voitures pussent passer de front. Les pierres étaient de différentes dimensions, de un à cinq pieds de chaque côté; mais assemblées si artistement, qu'elles paraissaient n'en former qu'une seule. Il y avait deux couches au-dessous formant ensemble 3 pieds d'épaisseur : la première de pierres rocailleuses cimentées avec du mortier, et la seconde de cailloux. Les routes étaient assez élevées pour dominer tout le pays environnant; de chaque côté, il y avait une chaussée de pierres plus larges pour les piétons. C'était seulement aux citoyens du plus haut rang qu'était confiée la surveillance des voies de communication. Des chemins de traverse, conduisant à des localités moins importantes, partaient des routes principales. Les auberges ou relais se trouvaient, sur les routes, à la distance d'une demi-journée l'une de l'autre. A des des distances plus rapprochées étaient les relais de chevaux destinés aux courriers publics. C'était aux frais de l'empereurs que ces chevaux étaient mis constamment à la disposition des employés du service public, qui seuls pouvaient en faire usage, sauf le cas d'une permission spéciale et en bonne forme accordée par l'autorité. Les Romains n'avaient pas de poste publique comme les nôtres. C'est à Cyrus qu'on fait remonter la première idée d'employer des courriers publics. Auguste les introduisit chez les Romains; mais ils ne servaient qu'à l'envoi des dépêches politiques, ou pour communiquer des nouvelles importantes. Il est bien étrange qu'on ait pensé si tard à les employer aux relations commerciales et privées. Louis XI les introduisit en France en 1474; et ce ne fut qu'en 1660, sous la première année du règne de Charles II, que la poste aux lettres fut établie en Angleterre par un acte du parlement.

Il est facile, à notre époque, de juger le degré d'instruction et de civilisation d'un pays par l'état de sa poste aux lettres. Rien n'est plus important pour un négociant que le transport rapide des dépêches. Il est pour lui d'une grande utilité qu'il soit le plus promptement possible instruit des événements qui peuvent affecter son genre de commerce, de toutes les variations dans les prix, de tout ce qui affermit ou détruit le crédit de ses correspondants, du paiement ou du refus de ses billets, de l'exécution de ses ordres, ou de la direction de ses marchandises. Dans toutes les nations modernes, ce sont les gouvernements qui ont entrepris le transport des lettres. Il a été prouvé que lorsqu'un grand nombre de lettres était expédié à la fois, une faible taxe sur chacune de ces lettres non-seulement couvrait les frais de port, mais encore procurait à l'Etat un revenu considérable.

3º Nous vous parlerons maintenant de ces institutions qui ont rapport aux transactions commerciales. Il s'agit principalement du numéraire et des banques.

Les Romains, de même que tous les autres peuples de l'antiquité, ne se servirent pas d'abord d'argent monnayé; mais ils échangeaient leurs marchandises contre d'autres. Plus tard, ils se servirent d'un certain poids de cuivre non monnayé. Les divers noms de leur monnaies en désignaient le poids, de la même manière que nous

avons nommé livre une pièce de monnaie qui pesa d'a-
bord une livre d'argent. Cette coutume nous vient des
Romains ; car nous mettons sur nos pièces d'une livre
non la lettre P (poids), mais la lettre L, la première du
mot latin *libra*, qui veut dire livre. La livre romaine valait à peu près 12 onces avoir-du-poids.

Voici la valeur relative des monnaies romaines :

10 as faisaient un denier ;

25 deniers faisaient un *aureus.*

L'as était de cuivre, le denier d'argent, et l'*aureus* d'or.

Toutes les monnaies romaines furent primitivement en
cuivre ; de là vient que le mot *as* qui, en latin, veut dire
cuivre, fut aussi employé pour désigner le numéraire en
général.

L'argent ne fut pas monnayé à Rome avant l'année 483
de sa fondation, c'est-à-dire 269 ans avant l'ère chrétienne, et l'or ne le fut que 62 ans plus tard, 207 avant
Jésus-Christ.

Servius Tullius fut le premier qui fit frapper les pièces
de cuivre à l'effigie de quelque bétail, bœuf ou porc. En
latin ces animaux s'appelaient *pecudes ;* la monnaie fut
appelée *pecunia*, d'où nous avons fait notre mot pécuniaire. L'*as* était une pièce de cuivre qui pesait une livre.
Il y avait d'autres pièces de cuivre pesant une moitié, un
quart, un sixième de la livre.

L'abus d'affaiblir la valeur des monnaies, par l'émission
de monnaies nouvelles portant le même nom que les anciennes et contenant une moins grande quantité de métal,
fut pratiqué chez les Romains dans des proportions plus
larges que chez nous. Chez nous, un poids d'une livre d'argent, monnayé autrefois en vingt shillings, en forme maintenant soixante-six. Dans la première guerre punique, le
numéraire devint si rare que les Romains frappèrent des
as qui pesaient seulement deux onces ou la sixième partie
d'une livre, et qui représentaient la même valeur nomi-

nale que ceux qui autrefois pesaient une livre ; de cette manière la république gagnait les 5/6⁰, et elle put ainsi acquitter ses dettes. Un tel exemple ne pouvait manquer de trouver des imitateurs parmi les hommes d'Etat qui suivirent. Dans la seconde guerre punique, sous la dictature de Fabius, les *as* ne pesèrent plus qu'une once et à la fin ils arrivèrent à ne peser qu'une demi-once.

Le *denier* était en argent. Les Romains avaient trois monnaies d'argent : le *denier*, le *quinaire* et le *sesterce*. Le premier valait 10 *as*, c'est-à-dire dix livres de cuivre ; le second cinq *as*, et le troisième deux et demi. Avec une livre d'argent on monnayait *cent deniers*, d'où il suit que, dans le principe, une livre d'argent valait mille livres de cuivre, et cela nous prouve la rareté de l'argent à cette époque. Mais la situation changea, car lorsqu'on diminua le poids de l'*as*, il conserva la même proportion de valeur relativement au *denier*, jusqu'au moment où il arriva à être réduit à une once, et alors un *denier* valait 16 *as*. Le poids de la monnaie d'argent varia aussi, et sa valeur, sous les empereurs, différait de celle qu'elle avait eue sous la république.

Nous traduisons en anglais le mot *denarius* par le mot *penny*, et sur les pièces anglaises de ce nom, nous plaçons la lettre *D*, la première du mot latin correspondant à penny. Mais le penny ou denier des Romains n'était ni de cuivre, ni d'airain, mais d'argent ; et au commencement de l'ère chrétienne, il valait environ sept fois et demi le penny de notre monnaie. Nous savons par le Nouveau Testament que le denier des Romains portait l'image et la devise de l'empereur, que l'on s'en servait pour le payement des taxes, qu'il était le salaire ordinaire d'une journée de travail, et qu'avec deux deniers on se procurait pendant une nuit toutes les douceurs de l'hospitalité dans une auberge publique.

L'aureus était en or. Il fut, pour la première fois, frappé

à Rome pendant la seconde guerre punique (207 ans avant l'ère chrétienne). Il était égal en poids à deux deniers et demi, et en valeur à 25 deniers ou cent sesterces. Relativement à l'argent, l'or valait dix fois plus. On commença par faire 40 *aurei* avec une livre d'or ; mais, sous les derniers empereurs, l'aureus fut mêlé d'alliage, et de cette manière sa valeur intrinsèque diminua.

Chez les Romains le numéraire était compté par *sestertia*. Le *sestertium* était le nom, non pas d'une monnaie, mais d'une somme, et il représentait la valeur de mille de ces pièces appelées *sesterces*. Dans notre monnaie, un *sesterce* représente la 125e partie d'une livre sterling, ou environ un penny, trois farthings et deux tiers. Le système des banques romaines ressemblait assez à ce qui se pratique dans les temps modernes. C'est à ces établissements que l'État ou les hommes riches confiaient le recouvrement de leurs revenus, puis pour régler compte avec leurs créanciers, ils remettaient des traites ou mandats sur la banque. Quand un créancier avait un compte dans la même banque que son débiteur, le compte se réglait en faisant le transfert de telle somme d'un nom à un autre. Les banquiers étaient en même temps changeurs. Ils prêtaient aussi de l'argent à intérêt et n'accordaient qu'un taux moins élevé sur l'argent déposé entre leurs mains. Dans un pays où le commerce était regardé avec mépris, on ne pouvait considérer les affaires de banque comme bien honorables. Presque toutes les nations agricoles de l'antiquité ont nourri des préjugés contre l'intérêt sur le prêt d'argent. Aussi les banquiers romains ne jouissaient-ils pas d'une bonne réputation ; mais ceux nommés par le gouvernement aux fonctions de caissiers publics ou de receveurs généraux, comme nous les appellerions maintenant, tenaient un rang si élevé, que quelques-uns d'entre eux devinrent consuls.

Les Romains avaient aussi des banques d'emprunt où

les plus pauvres citoyens pouvaient emprunter de l'argent sans payer d'intérêt. Vous savez que les biens confisqués des criminels furent convertis par Auguste en une caisse de fonds publics qui prêtait de l'argent sans intérêt aux citoyens qui pouvaient engager une valeur double de la somme prêtée. Le même système fut suivi par Tibère. Il avançait de grands capitaux qui étaient prêtés pour un terme de deux ou trois ans à ceux qui pouvaient donner une garantie en bien-fonds double de la valeur du prêt. Alexandre Sévère réduisit le taux ordinaire de l'intérêt, en prêtant des sommes d'argent à un cours très-bas, en avançant de l'argent aux pauvres citoyens pour acheter des terres, et en consentant à recevoir les produits en payement.

La divinité qui présidait au commerce et aux banques était Mercure qui, par une étrange association, était aussi le patron des voleurs et des orateurs. Les Romains, qui regardaient les négociants avec mépris, crurent trouver une ressemblance entre le vol et le bénéfice commercial, puis une ressemblance analogue entre le vol et les avantages de l'éloquence. C'est ce qui explique comment les voleurs, les marchands et les orateurs furent placés sous la protection du même dieu. Le 17 mai de chaque année était une fête publique pour les marchands. Ils se rendaient en procession au temple de Mercure, à l'effet, disaient les critiques, de demander pardon à Dieu de tous les mensonges, de toutes les fraudes qu'ils s'étaient permis pendant l'année qui venait de s'écouler.

Nous arrivons aux institutions qui ont rapport aux assurances.

On dit que les Romains avaient introduit chez eux la coutume d'assurer les vaisseaux. Il est d'une grande importance pour une nation qu'elle ait un grand nombre de vaisseaux. Si l'on prenait note de tous les vaisseaux qui servent à tel ou tel commerce, et de tous ceux qui, pendant un certain temps, ont fait naufrage, il serait facile de trouver quelle somme doit payer un propriétaire à une société qui assurerait son vaisseau. Si le vaisseau n'est pas perdu, les assureurs ont la prime comme bénéfice, pour se couvrir des risques qu'ils ont courus ; si le vaisseau est perdu, les assureurs en payent la valeur au propriétaire ; et, de cette façon, une perte qui pourrait ruiner un seul individu se répartit sur plusieurs qui peuvent mieux la supporter. Dans les villes maritimes, il se fait maintenant beaucoup de ces sortes de transactions. Vous avez entendu parler des co-intéressés du Lloyd ; ce sont des souscripteurs d'assurances maritimes. Lorsqu'une personne désire faire assurer son vaisseau, elle en détaille sur un écrit spécial toutes les particularités, le voyage qu'il doit faire, sa cargaison, etc. ; puis chacun des négociants assureurs signe et indique la somme pour laquelle il concourt à assurer le navire. Cette coutume a beaucoup d'importance pour une nation maritime.

Le principe des assurances sur la vie est le même que celui des assurances maritimes. Il faut d'abord obtenir, par l'observation, le nombre de personnes qui meurent sur une population donnée, et former des listes qui s'appellent (*bills of mortality*) Tables de mortalité. Elles servent à calculer le temps pendant lequel une personne d'un âge donné a chance de vivre encore ; en d'autres termes, ses probabilités d'existence. Une fois ce point obtenu, vous pouvez facilement chiffrer combien elle doit payer par an, pendant sa vie, pour donner droit à ses exécuteurs testamentaires de recevoir 1,000 l. ou toute autre somme à sa mort, en tenant compte du taux de l'intérêt auquel ces payements annuels sont supposés s'accumuler et du bénéfice que doit retirer la société qui fait l'assurance.

Nous ne croyons pas qu'aucune nation de l'antiquité ait jamais enregistré les naissances et décès, de manière à arriver à des tables de mortalité assez exactes pour le but que se proposent les assurances sur la vie. Ces tables sont de date très-moderne, même dans notre pays. Les plus anciennes que nous connaissions sont celles de Northampton, dressées par le docteur Price, d'après le registre des décès dans la ville de Northampton. Si l'on adopte les conclusions du docteur Price, il est facile à chacun de savoir combien de temps il lui reste *probablement* à vivre. Retranchez votre âge du nombre 86, divisez le reste par 2, et vous aurez le nombre probable des années qui vous sont réservées. Ainsi, supposons que vous avez 20 ans, vous retranchez 20 de 86, ce qui vous donne 66. Divisez 66 par 2 et vous avez 33, nombre probable de vos futures années. C'est la durée moyenne de l'existence des personnes de votre âge.

Il a été découvert récemment trois nouveaux faits dans la science des assurances sur la vie. D'abord que les hommes vivent plus longtemps maintenant qu'il y a un siècle. Deuxièmement, que les gens riches vivent plus longtemps que les indigents ; troisièmement, que les femmes vivent plus longtemps que les hommes.

Les hommes vivent plus longtemps maintenant qu'il y a un siècle ; ce qui ne veut pas dire que la durée de l'existence soit prolongée, mais que moins d'individus meurent jeunes. Ainsi, en comparant les tables de Carlisle et celles de Northampton, nous trouverons les résultats suivants :

	Northampton. années.	Carlisle. années.
A 60 ans, la probablité de l'existence est de	13	14
50 —	17	21
40 —	23	27
30 —	28	34
20 —	33	41

A la naissance, la probabilité de l'existence, d'après les tables de Northampton, est de 25 ans, et d'après les tables de Carlisle, de 38 ans. On voit que la différence entre les deux tables, à 60 ans, est seulement d'une année, et de 13, le jour de la naissance. Ainsi, les hommes n'arrivent pas maintenant à un âge plus avancé que ceux d'il y a cent ans ; mais il en meurt moins de jeunes. Ce progrès est dû sans doute aux soins plus grands de propreté que prennent les classes pauvres, à la surveillance exercée sur la santé publique, aux progrès faits en médecine et surtout à la découverte de la vaccine. Cette prolongation de l'existence n'a pas été seulement prouvée en Angleterre. En France, on estime que la durée de l'existence a été doublée depuis le XIVe siècle, et qu'elle a gagné près d'un tiers depuis l'année 1781.

Le second fait est celui-ci : que les gens riches vivent plus longtemps que les indigents. Quoique les veillées, les assemblées et la variété de plaisirs que peuvent se procurer les gens riches puissent être regardés comme contraires à la longévité, ils sont néanmoins, d'un autre côté, exempts des souffrances de la misère, des conséquences d'une alimentation insuffisante et des fatigues attachées au travail incessant. S'ils sont malades, ils peuvent consulter les meilleurs médecins et se transporter aussitôt dans le lieu le plus favorable à leur rétablissement. De là résulte, pour les riches comparés aux nécessiteux, la probabilité d'une existence plus longue.

Quoique les femmes soient sujettes à des maladies dont les hommes sont exempts, néanmoins elles vivent plus longtemps que les hommes parce qu'elles sont moins exposées à des travaux dangereux, moins soumises aux pénibles labeurs de l'intelligence et surtout parce qu'elles font un bien moins grand usage de vin et de spiritueux. Un médecin a malicieusement remarqué qu'une des causes de la longévité supérieure des femmes pouvait bien être la grande abondance de leurs paroles; l'action de parler, suivant lui, est très-favorable à la santé, parce qu'elle donne aux poumons un exercice utile.

Le but primitif des assurances sur la vie fut de mettre les particuliers à même d'assurer à leurs familles une certaine somme à leur mort ; mais maintenant elles servent à des intérêts commerciaux. Des personnes font assurer l'existence de leurs débiteurs ; d'autres font assurer leur propre existence dans l'intérêt de leurs créanciers. Sous toutes les formes, ce système paraît produire un bien sans mélange. Il encourage les habitudes de prévoyance et d'économie de la part des assurés, et tend, par l'accumulation des épargnes, à augmenter la somme du capital national.

Nous pouvons avec toute raison espérer que ce système s'étendra et se perfectionnera. Nous arriverons à avoir des tables constatant la probabilité de l'existence, non-seulement en ce qui concerne les gens bien portants, mais encore ceux qui sont affligés de toutes sortes de maladies. Elles nous feront connaître aussi les effets des professions et des localités sur la durée de l'existence. Le système des assurances pourra être appliqué à toutes les calamités dès que nous aurons des tables qui exposeront exactement la probabilité de leur retour. Ainsi nous voyons que l'étude de la statistique, la moins attrayante de toutes les études, a produit d'importants résultats et que la mort elle-même, toute capricieuse qu'elle nous paraisse, a sa marche tracée d'avance par la main de la science.

Nous avons donc, dans cette leçon, considéré Rome sous le triple aspect de tribu agricole, de nation guerrière et de vaste empire. Nous avons pris un aperçu de ses institutions sociales se rapportant à l'esclavage domestique, aux voies de communication, au transport des dépêches, au numéraire, aux banques et aux assurances maritimes.

Nous allons maintenant examiner le caractère commercial des Romains.

1° Les Romains étaient des hommes honorables.

Tout en condamnant l'esprit militaire, nous ne pouvons pas dire que la profession des armes soit incompatible avec un noble caractère. Le Nouveau Testament nous parle d'un officier de l'armée romaine comme « d'un homme dévot, craignant Dieu, ainsi que toute sa maison, donnant beaucoup d'aumônes, » — « dont les prières étaient entendues, et dont les aumônes qui avaient Dieu pour témoin n'étaient pas oubliées. » Dans le même livre nous voyons aussi combien la législation romaine était supérieure à celle des nations asiatiques. « Ce n'est pas la coutume des Romains de livrer un homme à la mort, avant qu'il ait été confronté avec ses accusateurs, et qu'il ait eu la faculté de répondre par lui-même à l'accusation dont il est l'objet. »

Un négociant doit être un homme honorable. Quoique un homme ne puisse être honorable sans être honnête, néanmoins il peut être strictement honnête sans être honorable. L'honnêteté se rapporte aux affaires d'argent, l'honneur aux principes et aux sentiments. Vous pouvez payer vos dettes ponctuellement, vous pouvez ne frustrer personne, et néanmoins agir d'une manière peu honorable. Vous agissez d'une manière peu honorable quand vous donnez à vos correspondants mauvaise opinion de vos rivaux en affaires, quand vous vendez vos marchandises au-dessous de leur valeur réelle, afin de faire perdre à vos voisins leurs clients ; quand vous achetez des marchandises plus haut que le cours, afin de le faire élever pour les autres acheteurs ; quand vous acceptez des billets de complaisance et les donnez à escompter à votre banquier, comme s'ils étaient le résultat de transactions réelles. Vous agissez d'une manière peu honorable toutes les fois que votre conduite est en désaccord avec vos opinions, et encore lorsque, faisant un commerce prospère, vous refusez toute participation à votre bonne chance aux serviteurs et aux auxiliaires dont les efforts vous ont aidé.

— 133 —

Vous agissez enfin d'une manière peu honorable si vous oubliez, une fois devenu riche, les bienfaits que vous avez reçus lorsque vous étiez pauvre. Dans ces divers cas il n'y a pas de fraude à reprocher ; mais s'il en résulte que votre conduite ne doit pas être qualifiée de malhonnête, on peut dire au moins qu'elle n'est pas honorable.

2° Les Romains étaient très-patriotes. Ils aimaient leurs patrie, et un négociant doit aimer sa patrie. Lorsque nous disons que le négociant est un citoyen du monde entier et qu'il doit être exempt des préjugés nationaux, ne croyez pas que nous voulions dire qu'un négociant ne doit pas aimer sa patrie, que le pays de ses pères, le pays où ont vécu ses ancêtres, où reposent leurs cendres, le pays qui lui donna le jour, qui protégea son enfance, et sous les lois duquel il acquit sa fortune, le pays dont la langue éveille les plus doux et les plus purs souvenirs, — ne doit lui inspirer aucun sentiment de respect filial, aucune préférence, aucun acte de zèle pour son honneur et sa prospérité. Non, c'est une fausse philosophie que celle qui nous enseigne à transformer toutes nos affections individuelles et locales en un sentiment de philanthropie universelle. Celui qui n'aime personne en particulier n'aime pas son pays, et celui qui n'aime pas sa patrie n'aime pas l'humanité. L'attachement local est la base de l'attachement général. Celui qui est le meilleur époux, le meilleur père, le meilleur ami sera le meilleur philanthrope. Si, comme nous l'avons dit, un négociant doit être exempt de cette petitesse d'esprit qui lui ferait mépriser les autres nations, il n'en est pas moins susceptible de toutes les douces sensations d'un patriotisme pur et désintéressé. Il doit trop aimer son pays pour encourager l'industrie étrangère aux dépens de l'industrie nationale. Il doit payer volontiers les taxes ou droits que les lois imposent pour le bien public ; il doit être tout prêt à remplir les fonctions sociales incombant à sa position, tout

8

onéreuses qu'elles puissent être. Il doit employer son influence à conserver l'ordre, à maintenir les droits de propriété et à soutenir la puissance de la loi. Il doit contribuer avec libéralité aux institutions qui ont pour but de préserver la morale publique, de répandre l'instruction, de secourir les misères du pauvre. Ah ! c'est là que le patriotisme recueille les lauriers les plus beaux et les plus précieux, lauriers qui assurent la paix de l'âme à celui qui les porte, et qui conservent leur fraîcheur alors que la couronne tachée de sang du conquérant se flétrit à nos yeux, bientôt vouée à l'indifférence et à l'oubli.

3° Les Romains étaient des hommes graves, méthodiques et pleins de respect pour la règle.

Ils apportaient en toute chose l'esprit de suite. Après leurs succès dans les armes, qu'ils dûrent à leur discipline supérieure, ils conservèrent leur puissance en agissant d'après certains principes fixes pratiqués avec constance. Rome ne fut pas bâtie en un jour. L'empire romain ne fut pas le résultat d'un coup d'état, d'une tentative hardie, d'un grand fait d'armes. Ce fut le résultat d'un dévouement de plusieurs siècles à un même ordre d'idées, à une même ligne de conduite. Les fils suivaient les maximes de leurs pères, et, de génération en génération, se perpétuaient les principes que l'expérience avaient signalés comme conduisant au but poursuivi. Et nous trouvons là d'importantes leçons commerciales. Une nation, une compagnie, un individu qui tiendra inflexiblement une même et convenable ligne de conduite arrivera presque toujours au succès. Le chemin qui conduit à la fortune est un chemin battu, et il n'est pas besoin d'une sagacité extraordinaire pour en découvrir la trace.

L'industrie, l'honnêteté, la prudence, la persévérance, voilà les poteaux indicateurs auxquels vous devez vous confier en vous mettant en route. Qu'ils vous guident, et vous arriverez bientôt au but.

Mais vous qui dédaignez les conseils de l'expérience, vous complaisez en vous-même, et nourrissez le goût des spéculations hasardeuses, vous vous écartez du droit chemin, vous vous acquittez de votre tâche sans la comprendre. Et quand vous avez recueilli le fruit naturel de vos actes, vous dites à vos créanciers que vous avez été *malheureux*; vous leur enlevez ce que leur avaient donné la probité et le travail; et des familles entières sont privées d'une honnête aisance, parce qu'il vous a plu de négliger vos devoirs et de mépriser les principes.

Un négociant doit non-seulement adhérer sincèrement aux vrais principes, mais encore les appliquer dans les détails de sa propre maison. En tout l'esprit de méthode est essentiel au négociant. Il doit être méthodique dans l'administration de ses affaires, dans la division de ses occupations, dans la tenue de ses livres, dans l'emploi de son temps. Par ce moyen il l'épargne, il évite la précipitation ainsi que ses dangers, et fait plus de besogne. Je n'augure pas bien d'un commerçant que je vois toujours se hâter, qui me dit qu'il a reçu ma lettre, mais qu'il était si pressé, qu'il n'a pas eu le temps d'y répondre, ou qu'il l'a mise quelque part dans ses papiers, et qu'il n'a pas pu la trouver au moment d'y faire réponse. Un homme qui agit avec ordre distribue ses occupations à l'avance, et de cette manière il trouve du temps pour tout.

4° Les Romains n'étaient pas des phraseurs. Ils étaient fort inférieurs aux Grecs pour la vivacité d'imagination et d'élocution. Je n'ai en aucune manière l'intention de recommander la taciturnité en toute occasion. La conversation est un des meilleurs moyens d'acquérir des connaissances et de perfectionner son caractère. Comme les diamants bruts se polissent par le frottement réciproque, les hommes s'adoucissent par leurs fréquents contacts. Mais il n'est nullement utile au commerçant de se servir de beaucoup de paroles lorsqu'il est en affaire. Cela dénote de sa part une grande indécision ou une prodigalité de temps. *Time is money :* le temps est de l'argent, dit notre proverbe anglais. Parlez autant qu'il vous plaira, quand vous n'avez rien autre à faire ; mais ne parlez pas plus qu'il n'est nécessaire tant que vos affaires ne sont pas terminées.

Feu M. Wesley, le vénérable fondateur des méthodistes Wesleyiens, société qui a fait beaucoup de bien en s'occupant de l'éducation du pauvre, avait placé, parmi les conditions d'admission dans sa société, celle de ne pas se servir de beaucoup de mots en achetant ou vendant. Très-bonne règle sans contredit, et qui produirait d'excellents résultats et économiserait bien du temps, si elle pouvait être fidèlement suivie. « Dans tout travail, il y a profit ; mais le travail de la langue ne mène qu'à la disette. »

Vous devez éviter beaucoup de paroles inutiles, non-seulement en causant de vos affaires, mais aussi dans la correspondance. De longues lettres d'affaires sont excessivement fatigantes. Que vos lettres soient toujours aussi concises que votre sujet le comporte. Arrivez de suite au but, expliquez clairement ce que vous avez à dire par les mots les plus simples, et terminez. Celui qui introduit une foule de circonstances inutiles, qui aime les tropes et le langage figuré, ou se sert d'un style diffus et fastidieux, est peu apte à faire la correspondance d'un établissement commercial. Vous devez aussi avoir soin d'écrire d'une manière lisible. Vous imposez à vos correspondants une tâche inutile et très-désagréable si vous les forcez à relire deux ou trois fois votre lettre afin de déchiffrer votre écriture. Quand vous écrivez une lettre, c'est sans aucun doute, dans l'intention de communiquer vos idées à la personne à laquelle vous l'adressez. Pourquoi alors, lui créer à plaisir des difficultés en écrivant d'une manière illisible ? Une très-jolie écriture ne serait pas non plus une écriture de commerce. Une lettre d'une écriture fine et élégante, ornée de traits de plume, n'inspirerait pas à vos correspondants une haute opinion de votre capacité pour les affaires. Quelques personnes prétendent que l'on peut juger d'un homme par son écriture. Nous doutons que l'on puisse apprécier ainsi ses facultés intellectuelles, mais il est possible qu'on y trouve un indice sur son caractère. Par exemple, s'il écrit d'une manière illisible, nous pouvons en conclure qu'il ne tient pas beaucoup à l'agrément des personnes auxquelles il écrit.

5° Le grand défaut du caractère commercial des Romains était la tendance guerrière.

Dans tous les âges du monde, les militaires ont regardé les négociants comme une classe d'hommes de beaucoup inférieure à la leur. Et il en sera toujours de même, tant que les hommes auront plus de respect pour les arts de la guerre que pour ceux de la paix. Mais il est étrange que les négociants eux-mêmes, au lieu de se faire des idées plus justes de leur importance, soient tombés dans le préjugé populaire et aient singé les manières de la classe militaire. Ainsi avons-nous vu quelquefois des négociants régler leur différents par des duels !

Personne peut-être n'eût été surpris de voir des militaires agir ainsi, quoiqu'il soit difficile d'admettre que le duel est nécessaire pour maintenir le courage personnel de nos officiers, quand nous savons que les Grecs héroïques et les intrépides Romains n'obéissaient pas à ce préjugé. D'ailleurs, si cette raison était bonne, toutes les classes de la société, même les plus infimes, auraient de justes prétentions à employer le même moyen. Mais enfin, si les militaires, alors qu'ils n'ont à combattre aucun ennemi de leur pays, désirent combattre entre eux pour ne pas en perdre l'habitude, ils peuvent alléguer qu'ils agissent selon les principes de leur profession. Tandis que rien ne contraste plus avec le rôle de l'homme d'affaires que le duel. C'est pour cela qu'une

8.

cause ayant été portée devant lord Ellenborough, dans laquelle un négociant en avait provoqué un autre en duel, sa seigneurie leur dit que les négociants feraient bien mieux d'aligner leurs écritures que d'aller s'aligner sur le terrain.

Un des mauvais résultats de l'esprit militaire, c'est une tendance à la cruauté. Les Romains étaient des hommes cruels; cruels envers leurs esclaves, cruels envers leurs ennemis vaincus, cruels dans les châtiments qu'ils infligeaient, et jusque dans leurs plaisirs. Il n'est pas de tendance plus opposée au commerce que celle-là, et pourtant, en certaines circonstances, les négociants sont devenus des instruments de cruauté. Est-il rien de plus cruel que de vendre des liqueurs spiritueuses à des peuples à demi civilisés ? — de fournir des munitions de de guerre à des tribus ignorantes, qui autrement seraient restées en paix? Est-ce qu'il y avait rien au monde de plus cruel que la traite des noirs, qui doit être comptée parmi les crimes les plus odieux de notre pays, le plus grand de tous nos péchés? Les négociants doivent non-seulement se conduire honnêtement dans le commerce, mais prouver que le commerce est un honnête métier. Car quoiqu'il soit vrai, au simple point de vue des profits et des pertes, que la probité est la meilleure politique, nous ne devons pas être probes, seulement parce qu'il est avantageux de l'être, ni croire à la probité d'une entreprise dès qu'elle promet un résultat favorable. Gardons-nous de n'envisager que le côté commercial des questions de moralité. Les crimes les plus atroces ont quelquefois été profitables. Mais la feuille d'inventaire ne montre pas tout; il est des articles de compte qu'aucune arithmétique ne saurait y faire figurer. Pour quel chiffre porterez-vous au passif une réputation flétrie, les remords de la conscience, la justice de Dieu suspendue sur la vie présente, et sa vengeance inévitable dans l'autre vie?.. Faites entrer tout cela dans vos calculs, et vous verrez à quoi se réduira la somme de vos profits !..

On peut espérer voir s'évanouir les penchants belliqueux et dominer la paix et l'équité, à mesure que le commerce étendra son influence. Le commerce enseignera aux hommes qu'il est de leur intérêt de vivre en paix les uns avec les autres. Il enseignera aux propriétaires d'esclaves que l'homme qui tient en servitude ses semblables ne pèche pas moins contre son intérêt, que contre les sentiments d'humanité et les commandements de la religion. Il fera comprendre aux hommes placés dans les situations les plus hautes, « que cette maxime vulgaire, » la probité est la meilleure politique, est aussi bien applicable aux sociétés qu'aux individus, et que ce qui est moralement injuste ne saurait être politiquement juste. Il apprendra aux nations que la prospérité d'un peuple n'est pas un malheur, mais un avantage pour les autres peuples ; que toute grandeur nationale ne peut venir que de la supériorité dans l'industrie et les sciences, et que les nations comme les individus doivent s'occuper du bien-être d'autrui, et faire leurs efforts pour arriver à la paix universelle, Lorsque ces sentiments seront répandus, le démon de la discorde sera chassé de la terre ; on n'entendra plus le cliquetis des armes ni les cris des vaincus, et le génie de la guerre, arrivé à sa dernière heure, cédera la palme de la victoire au commerce.

CINQUIÈME LEÇON.

DU COMMERCE DES ANCIENS AVEC LES INDES ORIENTALES.

Origine du luxe. — L'Inde. Ses institutions sociales. — Ses productions : Epices, pierres précieuses, soie. — Le commerce de l'Inde avant Alexandre le Grand. — Conquêtes d'Alexandre. — Fondation d'Alexandrie. — Conquête de l'Egypte par les Romains. — Soie vendue à Rome pour son pesant d'or. — Conquêtes de l'Egypte par les Mahométans. — Importation des vers-à-soie en Europe. — Découverte du chemin de l'Inde par le cap de Bonne-Espérance. — Exportation des matières d'or et d'argent. — Principes des échanges étrangers.

Maintenant que nous avons passé en revue le commerce de l'Egypte, de la Grèce, de Tyr, de Carthage et de Rome, je terminerai cette série de leçons par un aperçu du commerce des anciens avec les Indes orientales.

Presque toutes les contrées produisent les objets de première nécessité, et si les hommes s'étaient contentés des choses purement essentielles, ils se seraient peu livrés au commerce. Le commerce a surtout pour but de nous procurer le bien-être et le luxe de l'existence. Nous savons tous qu'il n'est pas facile de tirer une ligne de démarcation entre les objets de nécessité et les objets de luxe, de dire où finit le nécessaire, où commence le superflu. Divers aliments sont, il est vrai, une nécessité de la vie ; mais dans quelques climats on peut vivre sans vêtements et sans habitations : les vêtements et les habitations sont là des objets de luxe. Quelques écrivains ont distingué les objets de première et de seconde nécessité.

Les objets de première nécessité sont ceux qui sont indispensables à l'existence, tels que certains aliments, et dans quelques climats, le vêtement et l'habitation. Les objets de seconde nécessité sont ceux qui sont essentiels à une existence décente, tels que les bas, les souliers, les meubles et autres objets de ce genre ; et les objets de luxe sont ceux dont les hommes pourraient facilement se passer, tels que les épices, l'or et l'argent, la soie, les fourrures et les pierres précieuses. Nous n'avons nul besoin de nous arrêter à cette classification. Nous savons qu'il existe une différence entre les objets de luxe et ceux de nécessité ; et s'il est difficile de savoir sous quelle dénomination en classer quelques-uns, c'est une difficulté qui ne se présente que rarement.

Dans cette leçon, je prendrai le mot *luxe* dans sa signification la plus restreinte, lorsqu'il désigne les objets qui ne sont pas essentiels à une existence confortable. Si vous me demandez quels sont les objets que j'appelle objets de luxe, je vous répondrai d'abord les diamants, les perles, les pierres précieuses. J'ajouterai, en ce qui concerne le goût, le poivre, la muscade, les diverses sortes d'épices et de sauces ; en ce qui concerne l'odorat, tous les parfums et les tabacs de toute espèce ; à l'égard de l'ouïe, la musique entière ; en fait de vêtements, les chaînes d'or, les bijoux et joyaux, quels qu'ils soient : puis en fait d'ameublement, tout ce qui est ornement et décoration. Je m'abstiens de spécifier une foule d'objets que l'habitude seule nous a portés à regarder comme indispensables.

L'homme, même à l'état sauvage, n'est pas satisfait tant qu'il ne possède pas quelques-unes des superfluités du luxe. Il est plus indifférent à celles qui se rapportent aux habitations et aux aliments qu'à celles de la toilette.

On le voit, contrairement à ce qui se passe dans le monde civilisé, accaparer pour lui seul tous les ornements

qu'il peut trouver et n'en offrir aucun à sa femme, qui
n'y touche que pour en parer son seigneur et maître. Mais
lorsque l'homme a renoncé à l'état sauvage et s'est li-
vré à la culture du sol, le cercle de ses besoins de luxe
s'agrandit. Il remarque qu'en cultivant la terre, il lui
fait produire plus de denrées qu'il n'en faut pour sa subsistance. Alors il désire céder cette portion surabondante à l'homme qui ne cultive pas, et recevoir en échange
quelque autre valeur. Dans une société encore grossière,
où les arts et les sciences ne sont qu'imparfaitement connus, le nombre de ceux qui s'occupent d'objets de luxe
est très-limité. A mesure que les procédés de culture s'a-
méliorent, et que l'on découvre le moyen d'augmenter les
résultats du travail, ceux qui cultivent la terre ont une
plus grande quantité de produits surabondants à échanger
contre des objets de luxe, et en même temps ceux qui
produisent les objets de luxe peuvent en céder une plus
grande quantité pour la même valeur. Puis, à mesure que
la division du travail s'étend et que la mécanique vient en
aide aux efforts des hommes, de nouveaux objets de confort sont découverts, de nouveaux besoins se font sentir
et de nouvelles inventions viennent les satisfaire. L'accroissement de la richesse permet à certains individus de
vivre sans travailler. Ils emploient leur temps à cultiver
leur intelligence, à acquérir du savoir ; et alors naît le
goût de la littérature et de l'étude des sciences.

La richesse donne naissance au luxe ; lorsqu'elle naît,
le luxe la suit. Ce n'est pas, dans le principe, le besoin du
luxe qui a déterminé la production des objets de luxe. Ils
sont nés d'un simple désir ; mais les hommes, en s'habi-
tuant à en user, s'en sont fait un besoin.

Nous devons remarquer que les objets qui ont commencé
par être regardés comme des objets de luxe, cessent de
passer pour tels dès qu'ils deviennent abondants. Le thé
et le sucre furent d'abord des objets de luxe, et les riches

seuls pouvaient se permettre cette jouissance. Il en était
de même pour divers autres objets destinés à la nourriture
ou à l'habillement. S'ils n'eussent pas été dans l'origine
désirés comme objets de luxe, ils ne seraient jamais devenus abondants. Le goût pour ces produits augmentant, la
production en augmenta ; et, avec l'abondance, vint nécessairement le bon marché. La toile, le coton, la soie,
qui étaient des objets de luxe chez les Romains, sont
maintenant répandus dans les classes les plus modestes
de notre pays. La famille d'un commerçant est maintenant plus élégamment vêtue que n'étaient les femmes et
les filles des empereurs romains. Les vitres de fenêtres
furent primitivement des objets de luxe ; et elles sont
maintenant à l'usage de tous.

Le goût du luxe a pour résultat d'encourager les efforts
de l'industrie. Chacun aspirant à des objets de luxe augmente la somme de son travail pour les atteindre. Leur
fabrication occupe un grand nombre d'ouvriers qui autrement se laisseraient aller à l'oisiveté, la classe qui produit
les objets de luxe devient généralement plus riche que
celle qui produit les objets de pure nécessité ; et elle
forme dans la société, une classe moyenne, placée à égale
distance entre les propriétaires et les cultivateurs. Nous
ne pouvons mieux classer les effets du luxe qu'en mettant
en parallèle l'Europe de nos jours avec l'Europe du
moyen âge. En ce temps-là, nourriture, vêtements et demeures des populations, tout était fort médiocre. Les propriétaires du sol étaient les seuls riches, et toute la part des
récoltes, qui leur était donnée comme rente, était employée
à entretenir dans l'oisiveté une suite nombreuse, prête à
obéir à leurs ordres et à se battre pour eux. Lorsque le
luxe commença à s'introduire, le propriétaire employa son
argent non plus exclusivement à nourrir des serviteurs
inutiles, mais à se procurer des produits nouveaux qui
flattaient ses goûts. Les prolétaires purent alors se suffire

à eux-mêmes en travaillant à créer ces nouveautés destinées à satisfaire les besoins toujours croissants et toujours
expansibles de la classe riche. De dépendants oisifs, ils
devinrent des artisans industrieux. Les seigneurs terriens
rivalisèrent alors entre eux, non pas en amenant sur le
champ de bataille plus ou moins d'hommes, mais par l'é-
légance de leurs vêtements, de leurs demeures, de leurs
équipages, par leur goût pour les beaux-arts ou par leurs
connaissances scientifiques ou littéraires. Mais là ne s'ar-
rètent pas les bons résultats produits par le luxe : lorsque
les peuples possèdent un grand nombre d'objets de luxe,
ils ont une ressource en cas de disette et peuvent renoncer
à d'autres jouissances pour se pourvoir d'aliments. Si, au
contraire, ils vivent de la nourriture la plus grossière et
qu'elle vienne à manquer, ils ne peuvent la remplacer
par une autre de meilleure qualité, parce que celle-ci est
trop chère pour eux. Quelques personnes ont crié contre
ces objets de luxe à la création desquels on emploie des
substances alimentaires ; mais, au contraire, ils doivent
être regardés comme des greniers d'abondance en cas de
disette.

Il faut pourtant reconnaître que lorsque les peuples
se livrent à un luxe qu'ils n'ont pas le moyen de soutenir,
le résultat est préjudiciable à eux-mêmes et aux autres ;
et ce fut là sans doute la cause de l'établissement des lois
somptuaires ou lois contre le luxe, dans les temps anciens
et modernes.

Chez les Romains les lois somptuaires étaient nombreuses. Une loi limitait le nombre des convives pour les
festins, sans pourtant fixer la dépense qui pourrait y être
consacrée. Une autre loi défendait de dépenser plus de 10
as dans un festin ordinaire. Pour les fêtes solennelles,
telles que les Saturnales etc., on permettait 100 as ; dix
as étaient le prix d'un mouton et cent celui d'un bœuf. Une
loi postérieure décréta que ces lois somptuaires devaient

être en vigueur non-seulement à Rome, mais en Italie ; et en cas de transgressions, l'hôte et même tous les convives étaient passibles d'une amende. L'esprit de ces lois a été adopté dans des temps beaucoup plus rapprochés de nous. En 1337, le goût du luxe fut restreint en Angleterre par une loi qui ne permettait aux prélats et à la noblesse que deux services par repas, et deux sortes d'aliments par service, excepté dans les grandes fêtes. Elle interdisait aussi à tous ceux qui ne jouissaient pas d'un revenu net de 100 livres de porter des fourrures, des cuirs et de la soie ; la famille royale seule pouvait se servir de draps étrangers. Sous Henri IV, il fut défendu à tout citoyen de porter des souliers ayant plus de six pouces de large, et sous Édouard IV, il n'était permis qu'aux lords seuls de porter un manteau court. En Irlande une loi fut rendue en 1447 contre les brides et les harnais dorés. Elle disait que si un individu quelconque était assez audacieux pour monter à cheval, avec des brides et des harnais dorés, la première personne venue avait le droit de s'emparer du cheval, des brides et des harnais, et de les conserver pour son usage, comme sa propriété.

En tous temps les objets de luxe les plus beaux ont été importés de l'Inde ; et pourtant les institutions sociales de ce pays étaient loin d'être favorables au commerce. La population de l'Inde, comme celle de l'Égypte était divisée en castes ; les individus appartenant à ces castes devaient toujours se marier entre eux, et suivre la profession de leurs pères. Aussi le génie de l'invention ne se développa-t-il que lentement dans l'Inde, tandis que l'on y arriva à une habileté extrême dans les travaux manuels : les manufactures de l'Inde étaient, dans ces temps reculés, de beaucoup supérieures à celles de l'Europe. D'autres institutions de l'Inde semblent empreintes de sentiments également hostiles au commerce : les naturels n'étaient pas libres de s'éloigner de leur patrie et ils avaient une grande aversion

9

pour la mer : aussi la navigation et le commerce n'y purent-ils jamais prospérer. Il y était défendu de se nourrir de la chair des animaux ; et de là vient que les habitants, tout en étant doux et sociables, manquaient totalement de force, de courage, d'esprit entreprenant, et de goût pour le luxe et les agréments de la vie. La fertilité de leur sol leur fournissait en abondance toutes les denrées qu'ils désiraient, et leur commerce était surtout un commerce d'exportations, par lequel ils échangeaient les produits qu'ils avaient de trop contre le numéraire des autres nations. Leurs exportations consistaient surtout en épices, en pierres précieuses, en soieries, pour lesquelles ils recevaient le plus souvent en paiement de l'or et de l'argent. Nous reviendrons plus tard sur ce sujet.

Je diviserai l'histoire du commerce avec l'Inde en trois époques :

1º Du commerce avec l'Inde avant Alexandre le Grand, 331 ans avant J.-C.

2º Du commerce avec l'Inde depuis Alexandre le Grand jusqu'à la conquête de l'Égypte par les Romains, 30 ans avant J.-C.

3º Du commerce avec l'Inde depuis la conquête de l'Égypte par les Romains, jusqu'à la conquête de l'Égypte par les Mahométans, en 649 de l'ère chrétienne.

4º Du commerce avec l'Inde depuis la conquête de l'Égypte par les Mahométans jusqu'à la découverte du Cap de Bonne-Espérance, en 1498 de l'ère chrétienne.

1. *Du commerce avec l'Inde antérieurement à Alexandre le Grand.*

Avant Alexandre le Grand, les Grecs n'avaient pas de relations commerciales directes avec l'Inde. L'Égypte et l'empire persan qui comprenaient tous les pays situés entre la Grèce et l'Inde, étaient placés là comme un obstacle à ces relations, si les États de la Grèce eussent été disposés à en ouvrir. Les Égyptiens, les Phéniciens, les Juifs et les Perses, — mieux placés à cet effet, ont dû tous avoir, à diverses époques de leur existence, des rapports commerciaux avec l'Inde.

Bien que la similitude entre les institutions sociales de l'Egypte et celles de l'Inde ait porté quelques écrivains à croire qu'il avait existé primitivement de fréquents rapports entre les deux pays, nous ne trouvons néanmoins dans l'histoire aucun indice d'un commerce établi entre eux. Si l'histoire de Sésostris est vraie, il dut s'emparer de tous les pays sur les bords de la mer entre l'Egypte et l'Inde ; mais ces conquêtes, si elles furent faites, ne restèrent pas longtemps au pouvoir des Egyptiens. Les produits indiens dont ils avaient besoin pour embaumer leurs morts ou pour d'autres usages, leur étaient sans doute apportés par les marchands arabes, qui, selon la coutume orientale, venaient périodiquement visiter l'Egypte pour vendre leurs marchandises.

Les Phéniciens de Tyr et de Sidon ont fait un grand commerce avec l'Inde. Ils s'étaient emparés de quelques ports au fond du golfe Arabique. Les marchandises de l'Inde étaient transportées de là par terre sur les bords de la mer Méditerranée, où elles étaient réembarquées pour Tyr.

Les Juifs, sous le règne de David, conquirent, sur les Edomites, les ports d'Elath et d'Eziongaber, situés sur la mer Rouge. Sous Salomon, on équipa des flottes pour Tarsis et Ophir, d'où étaient importés l'or, l'argent, les pierres précieuses, l'ivoire, les singes et les paons. Les savants diffèrent d'opinion sur la situation de ces ports que quelques-uns placent dans les Indes orientales, d'autres sur les côtes orientales de l'Afrique. Cette dernière opinion a prévalu. Or, si elle est juste, les Juifs ne peuvent pas être mis au nombre des peuples qui ont trafiqué avec l'Inde par mer, et nous n'avons aucune preuve qu'ils l'aient fait par terre. Salomon bâtit Tadmor dans le désert. Cette ville était à environ 85 milles de l'Euphrate, et fut plus tard célèbre sous le nom de Palmyre; elle fut construite dans un endroit fertile, entouré d'un océan de sable. Nous ne savons pas si Salomon éleva cette ville pour favoriser des relations avec l'Inde, mais en tout cas, ses vues paraissent avoir été abandonnées par ses successeurs. Il est probable que les Juifs se procuraient toutes les productions indiennes dont ils avaient besoin par les Phéniciens. Le 27ᵉ chapitre des prophéties d'Ezéchiel nous dit, d'une manière certaine, que les Juifs trafiquaient dans les foires de Tyr, et nous savons que ces foires renfermaient toutes les productions de l'Inde; au reste les principales productions dont les Juifs faisaient usage étaient les épices, et en outre l'encens qu'ils brûlaient dans le temple.

Sous le règne de Darius fut préparée une expédition pour explorer l'Inde. La flotte descendit l'Indus, et, au bout de deux ans et six mois, elle atteignit le golfe Arabique. D'après les rapports qui lui furent faits sur les pays qu'elle avait traversés, Darius entreprit de les soumettre. Il étendit ses conquêtes jusqu'aux bouches de l'Indus, et le tribut que lui payèrent ces provinces forma le tiers du revenu de l'empire persan. La Perse était si rapprochée de l'Inde, qu'il est très-probable qu'il se fit entre les deux pays un certain commerce. Les Persans se faisaient remarquer par leurs luxe et leur mollesse; ils estimaient beaucoup les épices, les soieries et les autres produits de l'Inde.

2. *Du commerce de l'Inde depuis Alexandre le Grand jusqu'à la conquête de l'Egypte par les Romains.*

Alexandre, fils de Philippe, roi de Macédoine, ayant été nommé généralissime des armées de la Grèce, détruisit le royaume de Perse, conquit une partie des Indes, et serait arrivé certainement à s'emparer de tout ce pays, si ses soldats ne s'étaient pas refusés à le suivre. Bien que le caractère d'Alexandre fût terni par l'ambition, l'intempérance, la vanité, la colère et parfois même la cruauté, il eut, comme homme d'État, des vues larges et éclairées. Dans toute l'histoire, nous ne trouvons pas un seul exemple d'un monarque aussi jeune posant les fondements d'un si vaste empire ; fondements si solidement établis, que, même après sa mort, les nations conquises se soumirent tranquillement au gouvernement de ses généraux. Il est vrai qu'en examinant les circonstances où il fut placé, nous sommes moins surpris de ses conquêtes. Il commandait une armée disciplinée par son père, et habituée à une tactique auparavant inconnue. Il eut sous ses ordre ces soldats grecs que des guerres perpétuelles et intestines entretenaient dans l'habitude des armes, et il fut entouré des hommes les plus éclairés du monde. D'un autre côté, les peuples qu'il attaquait étaient des Asiatiques énervés par un climat chaud et par leur indolence, des peuples qui depuis des siècles ne s'étaient pas livrés à la guerre, et qui étaient disséminés dans plusieurs provinces qu'aucun lien solide ne rattachaient les unes aux autres. Il faut remarquer encore que le royaume de Perse qu'Alexandre attaqua n'était composé que d'une minorité de sujets persans. Les Perses, qui formaient d'abord une fort petite nation, avaient fait de grandes conquêtes sous Cyrus le Grand et ses successeurs. Les habitants des pays conquis, tout en n'étant pas fort hostiles au gouvernement persan, étaient tout prêts à suivre un nouveau conquérant tel qu'Alexandre, qui traitait ses ennemis vaincus avec beaucoup de générosité. Ainsi firent les Egyptiens, notamment, qui, plus d'une fois, avaient essayé sans succès de se débarrasser du joug des Perses.

Après avoir conquis la Perse, Alexandre pénétra dans l'Inde, subjugua quelques-unes de ses provinces, et, s'embarquant sur l'Indus, revint en Perse par mer. Il comprit quelle force le commerce donnait aux nations par la résistance opiniâtre que Tyr lui opposa. D'un autre côté, par sa conquête de l'Egypte et de l'Inde, il put voir que le commerce de ce dernier pays pouvait être fait avec beaucoup plus d'avantages par l'Egypte que par l'ancienne route ; et alors, pour le faciliter, il bâtit une nouvelle ville en Egypte qu'il appela, de son nom, Alexandrie. Après sa mort, Séleucus s'empara des provinces de l'Asie, et pénétra plus avant dans l'Inde que ne l'avait fait Alexandre ; mais les monarques assyriens ne conservèrent pas leurs possessions dans ce pays.

Ptolémée, autre général d'Alexandre, eut en partage l'Egypte, et il noua des relations commerciales avec l'Inde. Tyr, ayant été détruite, fut remplacée par Alexandrie qui fit avec l'Inde, ce genre de trafic que les Phéniciens faisaient autrefois. Les monarques égyptiens portèrent tous leurs soins de ce côté. Ptolémée Philadelphe fonda la ville de Bérénice sur les bords de la mer Rouge. Les denrées indiennes étaient transportées, par mer, de l'Inde à Bérénice, et de là, par terre, à la ville de Cophtos, distante de 258 milles romains, et de Cophtos, par eau, à Alexandrie. Grâce à ce commerce, l'Egypte devint riche et florissante jusqu'au moment où elle fut conquise par les Romains.

A la même époque, les Perses et les rois de Syrie se procuraient les productions de l'Inde par terre. Les marchandises étaient transportées de l'Indus à l'Oxus, puis à la mer Caspienne, et de là se distribuaient dans les provinces du nord. Quant à celles destinées aux provinces du sud, elles y parvenaient aussi par la mer Caspienne et la navigation fluviale, en sorte que leur circulation était assurée dans tout le pays.

3. *Du commerce avec l'Inde, depuis la conquête de l'Égypte*

par les Romains, jusqu'à sa conquête par les Mahométans.

L'Égypte fut conquise par Jules-César, trente ans avant l'ère chrétienne, et elle devint province romaine après la bataille d'Actium. Depuis un siècle déjà, le goût du luxe se répandait rapidement à Rome. Sa puissante rivale, Carthage, avait été détruite : les conquêtes romaines s'étendaient de tous côtés, et, en dernier lieu, la Syrie avait été soumise par Pompée. L'introduction soudaine de la richesse entraîna les Romains au luxe le plus effréné. Ce n'était pas un luxe élégant et de bon goût, mais un luxe d'hommes grossiers, devenus riches tout d'un coup, un luxe de soldats faisant bombance sur le champ de bataille, au milieu des dépouilles des vaincus. C'était par des dépenses folles que les Romains prouvaient leur importance, et ils tenaient plus à étaler leurs richesses qu'à en jouir.

Le goût du luxe donna une nouvelle impulsion au commerce qui se faisait avec les Indes orientales. Nous extrayons de l'ouvrage du docteur Robertson, *Recherches historiques sur l'Inde ancienne,* le passage suivant qui nous montre quelle estime on faisait à Rome des productions de l'Inde. Les principaux articles d'importation étaient : 1° les épices et les aromates ; 2° les pierres précieuses et les perles ; 3° la soie.

« 1° Les épices et les aromates. — En réfléchissant au nombre incroyable de dieux qu'adoraient les païens et des temples qui leur étaient consacrés, ainsi qu'au genre de culte dont on les entourait, nous pouvons nous faire une idée de l'immense quantité d'encens et autres aromates que l'on consommait dans les offices sacrés, ce qui, du reste, était dû bien plus à la vanité des hommes qu'à leur piété. Les Romains avaient la coutume de brûler les corps de leurs morts, et lorsqu'ils voulaient déployer une grande magnificence, ils couvraient d'épices du plus grand prix, non-seulement le corps, mais le bûcher funéraire sur lequel il reposait. Pour les funérailles de Sylla, il fut versé deux cent dix charges d'épices sur le bûcher. On dit que Néron fit brûler, pour les funérailles de Poppée, une plus grande quantité de cannelle et de casse que les pays dont on tire ces derniers n'en produisaient en un an. « Nous consumons des monceaux de ces précieuses substances sur les corps des morts, dit Pline, et nous n'en offrons aux dieux que des parcelles. » Ce ne fut pas de l'Inde, mais de l'Arabie, je suppose, que ces aromates furent d'abord importés en Europe, car quelques-uns d'entre eux, et surtout l'encens, étaient des productions de cette dernière contrée ; du reste, les Arabes étaient habitués à fournir aux marchands étrangers, en même temps que les épices produites chez eux, celles d'un prix plus élevé qu'ils rapportaient de l'Inde et de contrées plus lointaines encore. Les relations commerciales des Arabes avec les parties orientales de l'Asie, remontaient fort loin et étaient considérables. Au moyen de leurs caravanes, ils transportaient dans leur patrie toutes les productions précieuses de l'Orient, parmi lesquelles les épices tenaient la première place. Toutes les anciennes descriptions que nous avons sur le commerce de l'Inde, nous donnent les épices et les aromates comme les objets principaux du négoce de ce pays. Quelques auteurs affirment que la plus grande partie de ceux que l'on achetait communément en Arabie, n'était pas de provenance indigène, mais venait des Indes. Du reste, cette assertion nous paraît bien fondée d'après ce que nous pouvons observer dans les temps modernes. L'encens d'Arabie, quoique regardé comme la production spéciale et la plus précieuse de ce pays, est de beaucoup inférieur comme qualité à celui que l'on importe de l'Orient ; et c'est surtout avec ce dernier que les Arabes répondent de nos jours aux demandes considérables des diverses contrées de l'Asie. C'est donc en m'appuyant sur une base solide que je place l'exportation des épices comme une des branches les plus considérables du commerce que faisait l'Inde dans les temps anciens. Il paraît qu'au siècle d'Auguste, toute une rue de Rome était occupée par les marchands d'encens, de poivre et autres aromates.

» 2° Les pierres précieuses, dans la classification desquelles il faut faire entrer les perles, paraissent venir en seconde ligne, comme valeur, parmi les objets que les Romains importaient de l'Orient. Comme elles ne prétendent pas au mérite d'une utilité réelle, leur prix vient entièrement de leur rareté et de leur beauté, et il reste fort élevé, même dans des circonstances défavorables. Chez les nations les plus somptueuses, où elles sont regardées non seulement comme ornements, mais comme signes de distinction, la vanité et l'opulence luttent avec tant d'ardeur pour leur possession, qu'elles s'élèvent à un prix exorbitant et quelquefois incroyable. Quoique l'art de tailler les diamants n'ait été qu'imparfaitement connu des anciens, ils étaient tenus en aussi grande estime chez eux que parmi nous. La valeur relative des autres pierres précieuses variait suivant les goûts et le caprice de la mode. Le nombre immense mentionné par Pline, et le soin avec lequel il les décrit et les classe, étonneraient, j'en suis sûr, le plus habile lapidaire ou joaillier des temps modernes, et nous prouvent l'importance qu'y attachaient les Romains.

» Mais parmi les objet de luxe, c'est aux perles que les Romains paraissent avoir donné la préférence. Les personnes de tous les rangs en achetaient ; on les portait sur toutes les parties des vêtements, et il existe dans les perles une telle différence de dimension et de valeur que, tandis que les grosses et celles d'un grand éclat, paraient les riches et les grands, d'autres plus petites et de qualité inférieure, satisfaisaient la vanité des personnes de condition modeste. Jules-César fit présent à Servilia, mère de Pompée, d'une perle qu'il paya 47,457 liv. Les célèbres boucles d'oreilles de Cléopâtre étaient estimées 101,458 liv. Les pierres précieuses, il est vrai, de même que les perles ne se trouvaient pas seulement dans l'Inde; dans d'autres pays encore on recherchait ces trésors pour arriver à satisfaire l'orgueil des Romains. Mais l'Inde en fournissait la plus grande partie, et ses produits étaient regardés comme les plus abondants, les plus variés et les plus précieux.

» 3° Une autre production de l'Inde, très-recherchée à Rome, était la soie ; et si nous nous rappelons quelle variété d'ouvrages élégants elle sert à fabriquer, et combien elle ajoute à l'éclat de la toilette et de l'ameublement, nous ne devons pas nous étonner de la voir estimée si haut par un peuple amateur de luxe. Son prix était exorbitant ; aussi trouvait-on les vêtements de soie trop coûteux et trop délicats pour les hommes, et étaient-ils uniquement réservés aux femmes opulentes et de haut rang. Cela n'en diminua guère la demande, surtout lorsque Héliogabale, prince dissolu, eut donné l'exemple aux hommes de cette honte (j'emploie cette qualification d'après les sévères principes de l'antiquité) de porter des vêtements quasi-féminins. Contrairement à ce qui arrive d'ordinaire dans les opérations de commerce, l'usage plus répandu de cette marchandise ne paraît pas avoir fait augmenter la quantité importée dans une proportion suffisante pour répondre aux besoins croissants ; et pendant deux cent cinquante ans le prix de la soie ne diminua pas à Rome. Sous le règne d'Aurélien, elle valait encore son pesant d'or. »

Les Romains continuèrent leurs relations commerciales avec l'Inde par la voie de l'Égypte, après que ce pays eut été conquis par Jules-César, et ils créèrent ainsi des communications par terre en passant par Palmyre, cette même ville qui, comme nous vous l'avons dit, était, sous Salomon, appelée Tadmor dans le désert.

Palmyre, située à **117** milles de la Méditerranée, arriva par son commerce avec l'Inde, à une grande fortune. Elle fut d'abord sous la domination des rois de Syrie; après la conquête de ce royaume, elle devint et resta indépendante pendant plus de deux cents ans. Elle trafiquait avec deux puissances rivales : les Parthes et les Romains, et ce fut par son canal que Rome se procura les productions de l'Inde. Palmyre fut finalement conquise par Aurélien et devint sujette de Rome.

Près de quatre-vingts ans après la conquête de l'Égypte par les Romains, on fit une importante découverte qui facilita beaucoup les rapports commerciaux avec l'Inde. Ce fut celle des vents périodiques appelés vents alisés. Près de l'équateur règnent des vents réguliers qui suivent le cours du soleil. Comme le soleil passe de l'est à l'ouest, les vents soufflent sur le côté nord de l'équateur N.-E., et sur le côté sud S.-E., et parfois plus ou moins. Ces vents qui soufflent dans la même direction toute l'année sont appelés, en Angleterre, vents du commerce, à cause de leur utilité pour la navigation. Donc, si nous désirons faire voile pour les Indes occidentales, nous nous dirigerons vers le sud jusqu'à ce que nous tombions dans les vents alisés, et alors nous naviguerons vers l'occident. A une plus grande distance de l'équateur que les vents alisés, règnent les vents appelés *moussons*, d'un mot arabe qui signifie saison. Ces vents soufflent pendant six mois de l'ouest à l'est, et pendant les six autres mois de l'est à l'ouest. Il règne un vent semblable entre la mer Rouge et l'Inde; d'avril à octobre, il souffle du N.-O., et pendant les autres mois du S.-E, en restant toujours parallèle aux côtes de l'Arabie. Les anciens, qui avaient la coutume de doner des noms aux vents, appelaient celui-ci Hippalus, nom du premier navigateur qui le découvrit. Au lieu de naviguer près des côtes comme on l'avait fait jusqu'alors, on put voyager à travers le golfe et on économisa ainsi beaucoup du temps employé dans les voyages. Ce fut par cette voie que s'effectua le commerce avec l'Inde pendant plus de quatorze cents ans.

Après que le siége du gouvernement eut été transféré de Rome à Constantinople, en 329, l'empire continua à être approvisionné des produits de l'Inde par la voie de l'Égypte. Le commerce qu'on aurait pu faire entre l'Inde et Constantinople par terre, trouvait un obstacle chez les Perses.

Il y avait plus de mille ans que l'Europe recevait des soies de l'Inde, qu'elle ne savait pas encore comment elles étaient produites. On supposait que c'était une espèce de duvet qui croissait sur un arbre, comme le coton, ou formait une plante comme le lin. On ne pouvait avoir l'idée que cette élégante matière était due à un ver. Ce ne fut qu'en l'année 581 que deux moines persans, qui avaient été envoyés en mission dans des églises chrétiennes, répandues dans l'Inde, apprirent l'art d'élever des vers à soie et les procédés relatifs à l'emploi de cette matière textile. Ils informèrent l'empereur Justinien de leur découverte, et encouragés par ses promesses, ils essayèrent de transporter quelques vers à soie en Europe. Ils réussirent et arrivèrent à Constantinople munis de quelques œufs de vers cachés dans une canne creuse. Ces œufs produisirent de nombreux insectes qui furent transportés dans plusieurs parties des Gaules et de la Grèce, surtout dans le Péloponèse. Bientôt la Sicile se fit remarquer dans cette nouvelle branche de production, et l'art de fabriquer la soie se répandant en Europe fit baisser la demande des soieries indiennes.

3° *Du commerce avec l'Inde depuis la conquête de l'Égypte par les Mahométans jusqu'à la découverte du passage par le cap de Bonne-Espérance.*

Comme les chrétiens et les musulmans n'avaient entre eux aucune relation commerciale ou autre, la prise d'Alexandrie empêcha les nations européennes de se procurer les marchandises de l'Inde par la voie d'Egypte. Mais les produits indiens étaient tellement demandés que les marchands de Constantinople essayèrent, et avec succès, de faire le commerce avec l'Inde par un nouveau chemin, et, quoique la route fît un grand détour, ce fut cependant par ce moyen que l'Europe fut, pendant deux siècles, approvisionnée des marchandises de l'Orient.

En même temps que la circulation des produits indiens était ainsi entravée, la situation dans laquelle s'était placée l'Europe en diminuait la demande. L'Europe entière, en effet, n'était qu'une société grossière, n'ayant plus le goût des choses qui embellissent la vie, et privée des moyens de se les procurer. Presque continuellement les nations les plus puissantes étaient en guerre les unes avec les autres. Le système féodal établi, partout subdivisait, chaque nation en une infinité de petits états ou baronnies. La seule ambition des barons était d'augmenter le nombre de leurs vassaux, et, par là, de compter au nombre des grands de l'État. Toute distinction s'acquérait à la guerre, et les richesses obtenues par l'industrie étaient regardées comme ayant une source honteuse et des effets énervants. Aux festins de la noblesse, l'abondance des aliments, et non leur choix, était le seul luxe applaudi.

Ce fut en Italie que les arts et les sciences, et partant le goût du luxe, se réveillèrent. Les républiques de Venise et de Gênes s'adonnèrent au commerce. Les Vénitiens tirèrent les vers à soie de la Sicile et devinrent célèbres par leurs fabriques de soieries. Ils obtinrent aussi les productions de l'Inde par Constantinople, et ils en alimentèrent toute l'Europe. Les croisades firent faire également un grand pas à la civilisation et au luxe de l'Europe occidentale. Elles engloutirent, il est vrai, un immense nombre d'hommes, mais ceux qui en revinrent rapportèrent le goût du confort et du luxe de l'Orient. Pendant l'absence des croisés, les gouvernements, délivrés des barons turbulents, purent réaliser des améliorations et agrandir leur puissance en annexant à la couronne plusieurs vastes fiefs. Le système féodal reçut ainsi un coup fatal, et l'ordre et l'élégance commencèrent à se répandre dans le monde. Dans l'année 1204, Venise, avec l'aide de soldats qui avaient fait partie de la quatrième croisade contre les Musulmans, attaqua la ville chrétienne de Constantinople, s'en empara et la conserva pendant 57 ans. Les Vénitiens en furent alors expulsés par les Grecs, aidés des Génois. Tant qu'ils furent maîtres de Constantinople, les Vénitiens eurent de grandes facilités pour leurs relations avec l'Inde, mais une fois que les Grecs eurent repris possession de cette ville, les Génois obtinrent seuls les priviléges dont les Vénitiens avaient joui, et les supplantèrent. Ceux-ci, en dépit de tout scrupule religieux, firent un traité avec les Mahométans, qui leur permit de se procurer les produits de l'Inde par la voie de l'Égypte. Mais ce fut alors que la découverte de la route de l'Inde par le cap de Bonne-Espérance ruina à jamais le commerce et la puissance de Venise.

La fin du XVIᵉ siècle fut signalée par l'esprit d'invention et de découverte. Les nations d'Europe qui s'étaient, dans les siècles précédents, fait la guerre entre elles, semblaient alors tourner leur besoin de guerroyer contre des peuples lointains. Constantinople étant tombée, ainsi que l'Égypte, entre les mains des Mahométans, les chrétiens étaient à la merci de ces derniers pour s'approvisionner des objets de luxe de l'Orient. Alors, et tout naturellement, on chercha si on ne pourrait se les procurer par d'autres voies. Le Génois Christophe Colomb, citoyen d'un pays dont le commerce avait beaucoup souffert, par suite des menées artificieuses de Venise, avait conçu le plan de se rendre aux

Indes orientales par un nouveau chemin. Depuis des siècles, les philosophes avaient admis que la terre était de forme sphérique ; et, ceci reconnu, il était évident que l'on pouvait arriver à un point donné en naviguant vers l'occident, tout aussi bien qu'en se dirigeant du côté de l'orient. Colomb, ayant décidé la cour d'Espagne à lui accorder deux vaisseaux, se dirigea du côté de l'ouest à la recherche de l'Inde. Au bout de trente jours, il arriva à St.-Domingue ; il se crut aux Indes, et c'est pour cela que les îles qu'il découvrit furent appelées Indes occidentales, et que les contrées nommées, dès l'origine, les Indes, furent distinguées de ces nouveaux pays par le nom d'Indes orientales. Mais pendant que Colomb essayait, sous le patronage de l'Espagne, de découvrir les Indes en naviguant vers l'ouest, l'amiral portuguais Vasco de Gama découvrit la vraie route en se dirigeant vers le sud. L'expédition portugaise avait uniquement pour objet l'exploration des côtes occidentales de l'Afrique. Mais étant arrivés jusqu'au cap de Bonne-Espérance, les hommes de cette expédition remarquèrent quelques-unes des productions des Indes ; ils continuèrent leur voyage et finirent par arriver à Calcutta, le 22 mai 1498, deux mois et deux jours après leur départ de Lisbonne. Les Portugais équipèrent alors de nouvelles flottes, non-seulement pour servir aux relations commerciales, mais aussi pour créer en Orient des établissements permanents. Pendant près d'un siècle, le commerce de l'Europe se fit par leur intermédiaire, et malgré les efforts que firent contre leurs tentatives les souverains d'Égypte et les Vénitiens, ils réussirent enfin à fonder des établissements en Asie.

Maintenant que nous avons terminé la partie historique de cette leçon, nous ajouterons quelques observations à propos des principes sur lesquels reposait le commerce avec l'Inde.

La principale objection théorique qu'on a élevée de tout

temps contre le commerce avec les Indes, est qu'il enlève à l'Europe une grande quantité de métaux précieux. Comme les importations venant de l'Inde ont toujours excédé les exportations, la balance a dû nécessairement être soldée avec des matières d'or ou d'argent. Mais cette objection est sans valeur. L'or et l'argent ne sont pas autre chose que des marchandises. Si nous les extrayons de notre sol, leur exportation n'est pas un plus grand malheur que l'exportation de l'étain, du cuivre, ou de tout autre métal que pouvons trouver dans nos mines. S'ils ne nous sont pas fournis par notre sol, ils doivent avoir été achetés en échange de quelque autre marchandise. L'exportation de l'or et de l'argent n'est pas plus un malheur que l'exportation des marchandises avec lesquelles nous avons acheté ces métaux. Si nous vendons de la quincaillerie et du coton à l'Amérique pour de l'or, et que nous envoyions cet or dans l'Inde pour l'échanger contre de la soie et des épices, cela ne revient-il pas au même que si nos quincailleries et nos cotons allaient directement s'échanger dans l'Inde contre cette soie et ces épices?

L'objection dont il s'agit vient de l'habitude que l'on a de considérer l'or et l'argent, non comme des marchandises, mais comme du numéraire. Nous avons été accoutumés à mesurer notre fortune aux métaux précieux, et de là nous avons été induits à les considérer comme l'expression de la richesse. Dans toutes les langues le mot *argent* est employé comme synonyme du mot richesse. Nous disons « gagner de l'argent » pour devenir riche. Mais l'argent est très-distinct de la richesse. Un négociant peut avoir ses magasins remplis de marchandises, un grand nombre de vaisseaux sur les mers, et n'avoir pas cent livres en argent. L'or n'est pas du numéraire tant qu'il n'est pas monnayé, et même alors la valeur de la pièce de monnaie sera déterminée par sa valeur comme marchandise. Vous savez que l'or est converti en numé-

raire, en Angleterre, à l'hôtel des monnaies, au prix de
3 l. st. 17 s. 10 d. 1/2 par once. Une livre poids d'or servait à frapper 44 guinées et demie. Elle est maintenant monnayée en 46 souverains, et il y a un reste de
14 s. 6 d. En multipliant 3 l. 17 s. 10 d. 1/2 par 12,
nombre d'onces compris dans une livre, on obtient 46 l.
14 s. 6 d.

Puisque dans tous les siècles, les métaux précieux ont
été envoyés dans l'Inde, on s'est demandé naturellement
ce qu'ils y sont devenus ; car on ne trouve pas dans ce
pays l'abondance d'or et d'argent qu'on pourrait s'attendre à y rencontèrr. A cette question, on a répondu qu'ils
ont été enfouis dans la terre. Le despotisme des gouvernements et les guerres fréquentes entre les tribus ou nations indiennes ont, de temps immémorial, porté les
orientaux à enfouir leur argent dans la terre, seul moyen
de le mettre à l'abri dans les pays où la propriété n'est
pas respectée. L'opinion que le sol contient une immense
quantité de trésors cachés est très-accréditée en Orient.
Nous voyons, par le Nouveau Testament, que le sol était
quelquefois acheté pour obtenir un droit légal aux trésors
qu'il renfermait. « Le royaume du ciel est semblable à un
trésor enfoui dans un champ ; lorsqu'un homme le découvre, il garde le secret, va vendre tout ce qu'il possède
et achète le champ. » Suivons un instant l'étrange destinée d'un morceau d'or ou d'argent depuis les temps les
plus anciens. Extrait des mines de l'Espagne, sous la
forme de minerai, il est fondu par les Carthaginois, puis
envoyé à Athènes en paiement d'huile d'olive. A Athènes
il est converti en stater et frappé à l'effigie de Minerve.
Sous cette forme, il circule dans les divers États de la
Grèce jusqu'à ce qu'il vienne à tomber entre les mains de
marchands de céréales qui l'envoient en Egypte. En
Egypte, il est donné contre des épices à un marchand
arabe qui le fait passer dans les Indes, où il est enfoui

dans la terre, et c'est là qu'il repose peut-être encore aujourd'hui.

Les sujets que nous avons parcourus doivent nous apprendre à admirer la bonté du Créateur envers sa créature. L'homme, considéré comme animal, a des jouissances physiques de beaucoup supérieures à celles des autres animaux; il a une plus grande varité d'aliments, de vêtements, d'habitations, sans parler de ces mille autres raffinements qui sont appelés objets de luxe. La Providence aurait pu ne lui accorder qu'une sorte d'aliment, de vêtement, qu'une forme d'habitation, elle aurait pu limiter ses moyens d'existence à ce que lui aurait fourni son voisinage immédiat. Mais il n'en a pas été ainsi. Comptez les différentes sortes de vos aliments, et vous trouverez que leur nombre surpasse toutes vos prévisions ; comptez les divers objets de votre habillement, les matières dont ils sont composés, les substances employées à la production des couleurs et les instruments dont on se sert dans les divers procédés par lesquels ils passent ; comptez les matériaux employés à bâtir vos habitations, et les objets sans nombre qu'elles contiennent ; puis, recherchez l'histoire naturelle de toutes ces substances, demandez où elles sont produites, quand et de quelle manière elles ont été recueillies, puis apportées dans votre patrie, et par quelles préparations infinies elles ont passé avant d'être propres à votre usage ; — et alors, vous vous convaincrez que les oiseaux des airs, les animaux des vallées, les poissons des mers et même les reptiles qui rampent sur la terre, ont été forcés de concourir à vos jouissances.

Mais le plaisir que donne à l'homme ces objets de luxe est de beaucoup augmenté par ses facultés sociales, par la réflexion et le raisonnement dont il est doué. Il jouit non-seulement de la satisfaction physique que ces objets produisent sur ses sens, mais il y voit la preuve évidente de l'existence d'un pouvoir tout puissant, d'une sagesse in-

finie et d'une bonté sans borne ; et ses jouissances physiques le conduisent ainsi à des jouissances morales et
intellectuelles. « Quand je considère les cieux, l'ouvrage
» de tes mains, la lune et les étoiles dont tu as fixé la
» place ; Seigneur, qu'est-ce que l'homme pour que tu
» t'en souviennes, et le fils de l'homme pour que tu dai-
» gnes venir à lui ? Tu l'as créé immédiatement au-des-
» sous des anges et tu l'as couronné de gloire et d'hon-
» neur. Tu lui as donné la puissance sur les œuvres de
» tes mains ; tu as mis toutes choses à ses pieds : les
» animaux de la terre, les oiseaux des airs et les poissons
» des fleuves, et tout ce qui traverse l'étendue des mers.
» Tu fais produire à la terre le pâturage pour ses bes-
» tiaux, et les fruits pour sa propre nourriture ; tu lui
» donnes le vin qui rend son cœur joyeux, l'huile qui fait
» briller sa face et le pain qui entretient sa force. Que
» tes œuvres sont nombreuses, ô Seigneur ! ta sagesse
» les a toutes créées ! et la terre est remplie de tes
» dons ! »

Cette étude rétrospective que nous avons faite du commerce de l'antiquité, nous conduit à une haute opinion
des facultés et des œuvres de l'esprit humain. Quoique inférieur à beaucoup d'autres animaux par sa taille, par la
force de ses muscles, la subtilité de ses sens et la rapidité de ses mouvements, de quoi l'homme n'est-il pas
capable ?

Les quadrupèdes les plus redoutés ne peuvent résister
à sa puissance, et les oiseaux des airs ne peuvent échapper à son atteinte. Les vallées sont couvertes de verdure, et
les plaines abondent en céréales que son industrie sait
produire. De belles habitations, de splendides édifices,
de magnifiques basiliques, de hautes colonnes s'élèvent à
sa voix. L'Océan même, la plus terrible des œuvres de
Dieu, ne peut opposer de barrière aux efforts incessants de
l'homme. Il déplace et transporte les forêts, il se cons-

truit des habitations propres à l'élément liquide, il force les étoiles à lui servir de guide, il enchaîne les vents à son char, et se transporte à tous les bouts du monde ! N'est-ce pas à ses facultés intellectuelles que l'homme est redevable de ces résultats prodigieux ?

Et puisque nous sommes doués de semblables facultés, ne sommes-nous pas coupables d'ingratitude envers celui qui nous les accorde, en négligeant de les cultiver ? Et lorsque nous voyons dans d'autres hommes le germe des mêmes dons, ne manquerions-nous pas à la prudence et au devoir en leur refusant notre assistance pour développer ce germe précieux ? Lorsque nous courons après la richesse, les honneurs, le pouvoir ou la renommée, nos rivaux dans la même carrière mettent tous leurs efforts à entraver notre marche ; mais lorsque nous travaillons à acquérir des connaissances, nous y sommes aidés par tous ceux qui se livrent aux mêmes travaux. Et puis tous les autres biens sont fugitifs et peuvent nous être soudainement ravis, tandis que le trésor du savoir est placé dans notre âme, « où la rouille ne peut le corrompre, où les voleurs ne peuvent pénétrer et s'en emparer. » Dans la possession de ce trésor intellectuel repose l'honneur vrai, la vraie dignité de l'homme :

> [1] Were I as tall to reach the pole,
> Or mete the Ocean with my span,
> I would be measured by my soul,
> The mind is the standard of the man.

Puisqu'il en est ainsi, tout en aspirant à la fortune,

[1] Traduction libre :

> Si mon front atteignait la nue,
> Mon bras, le fond des Océans,
> A votre estime aurais-je alors des droits plus grands ?
> Non, non, c'est l'âme seule à qui l'estime est due.

cherchons avec une ardeur au moins égale, à nous instruire. Si la Providence daigne sourire à nos efforts pour
obtenir la richesse, nos connaissances intellectuelles nous
mettront à même de jouir de cette richesse avec discernement et avec goût, de la faire servir au bonheur des
autres, de nous conduire dignement dans la société élevée où elle nous introduira, enfin, de nous acquitter
fidèlement de tous les devoirs publics que notre patrie
peut nous appeler à remplir. Et si par malheur il arrive
que les vents dispersent nos vaisseaux, que le feu dévore
nos magasins, ou que des pervers nous enlèvent les fruits
de notre industrie, alors et toujours, au milieu du naufrage de notre fortune, notre valeur intellectuelle et
morale nous assurera le respect de ceux qui nous entourent, et nous goûterons, en nous-mêmes, un bonheur
plus pur, plus serein, plus durable que celui auquel pourrait prétendre un ignorant, possesseur de tous les trésors
de l'Asie.

« Heureux l'homme qui trouve la sagesse et celui qui
» amasse du savoir. C'est un bien supérieur à l'argent,
» et l'avantage que l'on en tire vaut mieux que l'or le
» plus fin. Il ne peut être comparé ni à l'or d'Ophir, ni à
» l'onyx précieux, ni même au saphir, ni à plus forte rai-
» son au corail et aux perles ; car la sagesse surpasse en
» valeur les rubis. La sagesse est la chose principale en
» ce monde; cherche donc à l'acquérir, sacrifie tou-
» tes tes acquisitions à celle-là. — Si tu l'honores, elle
» t'élèvera, et si tu lui es dévoué, elle te conduira
» aux honneurs. Elle est plus rare que le diamant, et
» aucun autre objet de tes désirs ne peut lui être
» comparé. »

Oui, plus nous travaillons à augmenter notre savoir, à
perfectionner notre entendement, plus nous laissons de
distance entre nous et les autres créatures ; plus nous
nous rapprochons de la haute sphère où notre esprit sera

débarrassé de tout nuage, notre cœur purifié de toute souillure, et où l'homme atteignant le degré de perfection qui lui est réservé, reflétera l'image de la SUPRÊME INTELLIGENCE de laquelle il a reçu son âme.

FIN.

TABLE DES MATIÈRES.

Saint-Denis. — Typ. de Drouard.

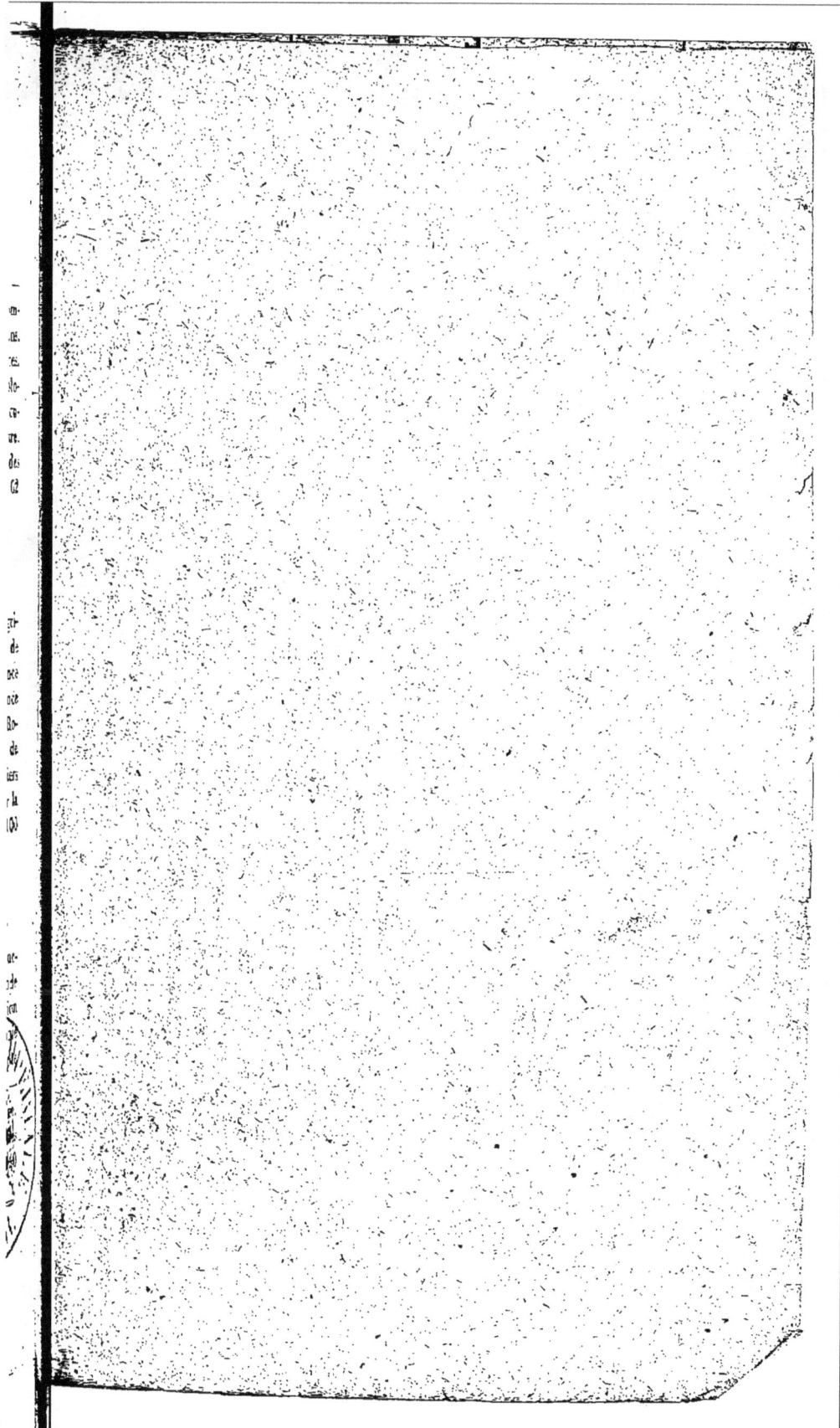